漢字のふく習 1。

三年生で習っ

★新しく使う、四年の教

JN059261

↓正しい答えが書けたら、□に✓をつけ

1 ——線の言葉を、漢字を使って書きましょう。

□ ① みなとの町。（　　　）
□ ② ひつじをかう。（　　　）
□ ③ 県立（り）びょういん（　　　）
□ ④ しょうてんがい（　　　）
□ ⑤ 木をうえる。（　　　）
□ ⑥ キャベツばたけ（　　　）
□ ⑦ つごうがよい。（　　　）
□ ⑧ 美しいみずうみ。（　　　）
□ ⑨ 長いぎょうれつ。（　　　）
□ ⑩ 赤いてっきょう。（　　　）
□ ⑪ まがり道を歩く。（　　　）
□ ⑫ やくしょの仕事。（　　　）
□ ⑬ おんしつトマト（　　　）

2 ——線の言葉を、漢字を使って書きましょう。

□ ① ぎんこうにいく。（　　　）
□ ② 本をもうしこむ。（　　　）
□ ③ 肉屋のてんしゅ。（　　　）
□ ④ ほうそうきょく（　　　）
□ ⑤ 内科のいしゃ。（　　　）
□ ⑥ きゅうしゅう弁（べん）（　　　）
□ ⑦ 足がはやい。（　　　）
□ ⑧ 明日のよてい。（　　　）
□ ⑨ 湯をそそぐ。（　　　）
□ ⑩ 草のねっこ。（　　　）
□ ⑪ たいようが出る。（　　　）
□ ⑫ 大きなにもつ。（　　　）
□ ⑬ 矢がめいちゅう。（　　　）

教科書 上 52・70・132ページ

↓うらのページにつづくよ！

3 ——線の言葉を、漢字を使って書きましょう。

- □ ① あぶらを引く。（　　）
- □ ② 魚をすみでやく。（　　）
- □ ③ 北（ほっ）海道りょこう（　　）
- □ ④ じゆうにえらぶ。（　　）
- □ ⑤ なみ打ちぎわ（　　）
- □ ⑥ 町のゆうめい人。（　　）
- □ ⑦ 地図でしらべる。（　　）
- □ ⑧ みどりいろの服。（　　）
- □ ⑨ 肉をあじわう。（　　）
- □ ⑩ かばんをもつ。（　　）
- □ ⑪ おんどを計る。（　　）
- □ ⑫ さいふをおとす。（　　）
- □ ⑬ わるいうわさ。（　　）
- □ ⑭ 父がさけを飲む。（　　）
- □ ⑮ 玉手ばこ（　　）

4 ——線の言葉を、漢字を使って書きましょう。

- □ ① こうふくな人生。（　　）
- □ ② 車にのる。（　　）
- □ ③ ドアをあける。（　　）
- □ ④ かなしい物語。（　　）
- □ ⑤ ごちそうのさら。（　　）
- □ ⑥ 駅につく。（　　）
- □ ⑦ 学校へいそぐ。（　　）
- □ ⑧ くらい夜道。（　　）
- □ ⑨ 友人をたすける。（　　）
- □ ⑩ 長いかいがん。（　　）
- □ ⑪ うつくしい風景（けい）。（　　）
- □ ⑫ 山にむかう。（　　）
- □ ⑬ 手紙をうけとる。（　　）
- □ ⑭ 物語のはじまり。（　　）
- □ ⑮ これでおわり。（　　）

漢字のふく習 2

三年生で習った漢字 (2)

★新しく使う、四年の教科書㊦でふく習する漢字です。

問／56問

答え 83ページ

サクッとこたえあわせ

月　日

⬇正しい答えが書けたら、□に✓をつけましょう。

1 ――線の言葉を、漢字を使って書きましょう。

- □ ① せかい地図 (　　)
- □ ② 台をつかう。 (　　)
- □ ③ かかりの仕事。 (　　)
- □ ④ 広いこうてい。 (　　)
- □ ⑤ 本をかえす。 (　　)
- □ ⑥ はがいたい。 (　　)
- □ ⑦ どうわの本。 (　　)
- □ ⑧ 円のめん積(せき)。 (　　)
- □ ⑨ もんだいをとく。 (　　)
- □ ⑩ しょうわ二十年 (　　)
- □ ⑪ き立(りっ)して話す。 (　　)
- □ ⑫ おもいバケツ。 (　　)
- □ ⑬ じつぶつを見る。 (　　)

2 ――線の言葉を、漢字を使って書きましょう。

- □ ① むかしの出来事。 (　　)
- □ ② よこにずれる。 (　　)
- □ ③ 図書いいん (　　)
- □ ④ ふえをふく。 (　　)
- □ ⑤ つぎの電車。 (　　)
- □ ⑥ 町のびか運動。 (　　)
- □ ⑦ 公園のゆうぐ。 (　　)
- □ ⑧ ごみをひろう。 (　　)
- □ ⑨ 高いはしら。 (　　)
- □ ⑩ りょうしんの家。 (　　)
- □ ⑪ 古いじゅうしょ。 (　　)
- □ ⑫ 広いどうろ。 (　　)
- □ ⑬ 日の出をまつ。 (　　)

教科書 ㊦64・98・143ページ

⬅うらのページにつづくよ！

3 ――線の言葉を、漢字を使って書きましょう。

- □ ① ゆをわかす。（　　）
- □ ② 火をけす。（　　）
- □ ③ 黒いてちょう。（　　）
- □ ④ しゃしんをとる。（　　）
- □ ⑤ 木にのぼる。（　　）
- □ ⑥ 青いやねの家。（　　）
- □ ⑦ 赤いようふく。（　　）
- □ ⑧ さむいきせつ。（　　）
- □ ⑨ 絵のべんきょう。（　　）
- □ ⑩ 一ちょうめの駅。（　　）
- □ ⑪ リンゴのかわ。（　　）
- □ ⑫ しあいにまける。（　　）
- □ ⑬ くるしい気持ち。（　　）
- □ ⑭ ラケットとたま。（　　）
- □ ⑮ 青木くんと話す。（　　）

4 ――線の言葉を、漢字を使って書きましょう。

- □ ① しんがっきの朝。（　　）
- □ ② 美しいしを読む。（　　）
- □ ③ ルールをまもる。（　　）
- □ ④ がっきゅう委員（　　）
- □ ⑤ 有名なさくひん。（　　）
- □ ⑥ 町のだいひょう。（　　）
- □ ⑦ だい五回大会（　　）
- □ ⑧ いけんを言う。（　　）
- □ ⑨ ヒットをうつ。（　　）
- □ ⑩ 文化こうりゅう（　　）
- □ ⑪ 必（ひっ）しに走る。（　　）
- □ ⑫ 大うんどうかい（　　）
- □ ⑬ 赤組にかつ。（　　）
- □ ⑭ もうひつの練習。（　　）
- □ ⑮ これでけってい。（　　）

きほんのドリル 3.

春のうた
白いぼうし
図書館の達人になろう

時間 15分　合かく80点　／100

答え 83ページ

月　日

◉白いぼうし

1 次の――線の漢字の読みがなを書きましょう。　8点（一つ2）

① 例（　　）　② 運転席（　　）　③ 建物（　　）　④ 飛び出す（　　）

◉図書館の達人になろう

2 図書館で知りたいことを調べるにはどうすればよいですか。次の（　）に当てはまる言葉を後の□からえらんで、記号を書きましょう。　12点（一つ3）

① 花の名前を知りたいときは、まず植物の（　　）を調べてみる。
② すきな作家の本をさがすときには（　　）を手がかりにする。
③ 百科事典を引くときは、（　　）にならんでいる見出し語からさがす。
④ 地元のお祭りを調べるには、（　　）の本がならんだ本だなをさがす。

ア　しぜん	イ　ちいき	ウ　「さくいん」の巻
エ　図鑑（かん）	オ　本の背（せ）にはってあるラベル	

◉春のうた

3 次の詩を読んで、問題に答えましょう。

教 上 16ページ〜17ページ

春のうた　　草野（くさの）　心平（しんぺい）

かえるは冬のあいだは土の中にいて春になると地上に出てきます。そのはじめての日のうた。

ほっ　まぶしいな。
ほっ　うれしいな。

みずは　つるつる。
かぜは　そよそよ。
ケルルン　クック。
ああいいにおいだ。
ケルルン　クック。

ほっ　いぬのふぐりがさいている。
ほっ　おおきなくもがうごいてくる。

ケルルン　クック。
ケルルン　クック。

(1) かえるが何かに気づく様子を、二字でぬき出しましょう。　10点

□□

(2) 「まぶしいな」と感じるのは、なぜですか。　10点

（　　　　）

(3) 「ケルルン　クック」という部分は、かえるのどんな気持ちがつたわるように音読するとよいですか。　10点

（　　　　）

← うらのページにつづくよ！

4 次の文章を読んで、問題に答えましょう。

教上 22ページ1行～23ページ7行

「これは、レモンのにおいですか。」

ほりばたで乗せたお客のしんしが、話しかけました。

「いいえ、夏みかんですよ。」

信号が赤なので、ブレーキをかけてから、運転手の松井さんは、にこにこして答えました。

　今日は、六月のはじめ。

夏がいきなり始まったような暑い日です。松井さんもお客も、白いワイシャツのそでを、うでまでたくし上げていました。

「ほう、夏みかんてのは、こんなににおうものですか。」

「もぎたてなのです。きのう、いなかのおふくろが、速達で送ってくれました。においまでわたしにとどけたかったのでしょう。」

「ほう、ほう。」

「あまりうれしかったので、いちばん大きいのを、この車にのせてきたのですよ。」


〈あまんきみこ「白いぼうし」より〉

(1) 何のにおいがしていますか。 8点

(2) 暑い日だということが人の様子から分かる一文を見つけて、はじめの五字をぬき出しましょう。 8点

(3) 「夏みかんてのは、こんなににおうものですか。」とありますが、夏みかんがよくにおう理由を松井さんはどう答えていますか。 12点

(4) 「においまでわたしにとどけたかったのでしょう。」とありますが、松井さんがそう考えたのはなぜですか。 12点

(5) 松井さんが夏みかんを車にのせてきたのは、なぜですか。次の（　）に当てはまる言葉を書きましょう。 10点

いなかのお母さんの気持ちが（　　　）あまり（　　　）から。

ヒント ❹(5) 最後の松井さんの言葉の中に書かれているよ。

まとめのドリル 4

白いぼうし

時間 20分　合かく80点　／100

答え 84ページ

月　日

1 次の□に合う漢字を書きましょう。　18点(一つ6)

① 赤［しんごう］

② ［そくたつ］で送る。

③ ［もくひょう］を決める。

2 次の文章を読んで、問題に答えましょう。

教 上 24ページ5行～25ページ10行

　緑がゆれているやなぎの下に、かわいい白いぼうしが、ちょこんとおいてあります。松井(まつい)さんは車から出ました。

　そして、ぼうしをつまみ上げたとたん、ふわっと何かが飛び出しました。

「あれっ。」

　もんしろちょうです。あわててぼうしをふり回しました。そんな松井さんの目の前を、ちょうはひらひら高くまい上がると、なみ木の緑の向こうに見えなくなってしまいました。

「ははあ、わざわざここにおいたんだな。」ぼうしのうらに、赤いししゅう糸で、小さくぬい取りがしてあります。

「たけやまようちえん　たけの　たけお」

　小さなぼうしをつかんで、ため息をついている松井さんの横を、太ったおまわりさんが、じろじろ見ながら通りすぎました。

「せっかくのえものがいなくなっていたら、この子は、どんなにがっかりするだろう。」

〈あまん きみこ「白いぼうし」より〉

(1)「松井さんは車から出ました。」とありますが、何をするためですか。次から一つえらんで、○をつけましょう。　10点

ア(　)やなぎの下で休けいするため。

イ(　)おいてあるぼうしを拾うため。

ウ(　)木に引っかかったぼうしを取るため。

(2)「あわててぼうしをふり回しました。」とありますが、このようにしたのは、なぜですか。次の(　)に当てはまる言葉を文章中から見つけて、書き入れましょう。　10点

だれかがつかまえていた(　　　　)をにがしてしまったと思い、とっさにつかまえようとしたから。

(3)「ため息をついている」とありますが、松井さんがため息をついたのは、どんな気持ちからですか。その気持ちが表された部分に、〰〰線をつけましょう。　12点

うらのページにつづくよ！

教科書 上21～34ページ

3 次の文章を読んで、問題に答えましょう。

50点（一つ10）

教上 26ページ8行〜28ページ7行

　車にもどると、おかっぱのかわいい女の子が、ちょこんと後ろのシートにすわっています。

「道にまよったの。行っても行っても、四角い建物ばかりだもん。」

つかれたような声でした。

「ええと、どちらまで。」

「え。——ええ、あの、あのね、菜の花横町ってあるかしら。」

「菜の花橋のことですね。」

　エンジンをかけたとき、遠くから、元気そうな男の子の声が近づいてきました。

「あのぼうしの下さあ。お母ちゃん、本当だよ。本当のちょうちょが、いたんだもん。」

　水色の新しい虫とりあみをかかえた男の子が、エプロンを着けたままのお母さんの手を、ぐいぐい引っぱってきます。

「ぼくが、あのぼうしを開けるよ。だから、お母ちゃんは、このあみでおさえてね。あれっ、石がのせてあらあ。」

　客席の女の子が、後ろから乗り出して、せかせかと言いました。

「早く、おじちゃん。早く行ってちょうだい。」

　松井（まつい）さんは、あわててアクセルをふみました。やなぎのなみ木が、みるみる後ろに流れていきます。

〈あまん きみこ「白いぼうし」より〉

(1) 「つかれたような声でした。」とありますが、女の子がつかれているのはなぜですか。「〜から。」につづくように、文章中から六字の言葉をぬき出しましょう。

□□□□□□ から。

(2) 「せかせかと言いました」とありますが、ここから女の子のどんな様子が分かりますか。次から一つえらんで、○をつけましょう。

ア（　）おこっている様子。

イ（　）あせっている様子。

ウ（　）落ち着いている様子。

(3) 車がスピードをあげて走っていく様子が分かる文を文章中から見つけ、〰〰線をつけましょう。

(4) この場面の女の子の様子から、どんなことがそうぞうされますか。次の（　）に当てはまる言葉を書きましょう。

もしかすると、女の子は

（　　　　　　　　　　　　）

かもしれない。

(5) 「白いぼうし」を読んで、松井さんは、どんな人だと思いますか。自分の考えを書きましょう。

（　　　　　　　　　　　　）

ヒント 3(4) 虫とりあみをかかえた男の子がきた後の、女の子の様子から考えよう。

きほんのドリル 5。

漢字辞典を使おう
きせつの言葉1　春の楽しみ

時間 15分　合かく80点　／100

答え 84ページ

月　日

◉漢字辞典を使おう

1 次の――線の漢字の読みがなを書きましょう。　40点（一つ4）

①（　　）辞典
②（　　）初夏
③（　　）音訓
④（　　）愛読書
⑤（　　）城
⑥（　　）静か
⑦（　　）昨夜
⑧古いお（　　）社。
⑨（　　）目印
⑩（　　）成り立ち

◉きせつの言葉1　春の楽しみ

2 次の文章は、春の行事について書かれたものです。（　）に当てはまる言葉を後の□からえらんで、書き入れましょう。　24点（一つ4）

① 三月三日のひな祭りには、ももの花や（　　　）をかざったり、（　　　）やちらしずしを食べたりします。

② 日本では、春になると多くの人がさくらのお花見をします。さくらが（　　　）になるのを楽しみにしますが、ちったさくらの花びらが川の水面にたまって流れる（　　　）も美しいと言われます。

③ 五月五日のこどもの日には、（　　　）を立てたり、ちまきや（　　　）を食べたりします。

こいのぼり	ひな人形	ひしもち	かしわもち
花ざかり	花いかだ		

教科書 上38〜43ページ

➡うらのページにつづくよ！

3 次の文章は、漢字辞典（漢和辞典）についてせつめいしたものです。（　）に当てはまる言葉を後の［　］からえらんで、記号を書きましょう。 12点（一つ4）

漢字辞典（漢和辞典）を使うと、漢字の音や（①　　）の読み方、漢字の意味や使い方などを調べることができます。また、組み立てている部分や、どのようにしてできたかを表す（②　　）、その漢字を使った（③　　）についても、調べることができます。

ア 語句　イ 成り立ち　ウ 訓　エ 画数

4 次の文章は、漢字辞典（漢和辞典）の使い方についてせつめいしています。（　）に当てはまる言葉を後の［　］からえらんで、書き入れましょう。（同じ言葉を二度使ってもかまいません。） 24点（一つ4）

① 漢字辞典では、同じ部分をもつかどうかで、漢字を分類しています。そして、（　　　）の少ないものから順にならべています。

② 漢字を分類するとき、形のうえで目印になるものを（　　　）といいます。部首には、へんや（　　　）、かんむりなどの部分が使われます。

③ 漢字を作っているひとつづきの線や点を画といいます。このひとつづきで書く部分を（　　　）と数えます。全部で何画で書くかが、その漢字の（　　　）です。

④ 漢字辞典には、「（　　　）さくいん」「部首さくいん」「総画さくいん」の三つのさくいんがついています。漢字をさがすときは、三つのうちのどれかを使います。

音訓　画数　一画　つくり　部首

ヒント ４④ さがしたい漢字の読み方が分かるときに使うさくいんだよ。

きほんのドリル 6。

聞き取りメモのくふう
カンジーはかせの都道府県の旅1
漢字の広場①

時間 15分
合かく80点
/100
答え 84ページ
月　日

◉聞き取りメモのくふう

1 次の——線の漢字の読みがなを書きましょう。 9点（一つ3）

①（　　）必要　②（　　）目的　③（　　）用いる

2 聞きながらメモを取るときのくふうについて、次の（　）に当てはまる言葉を下の［　］からえらんで、記号を書きましょう。 18点（一つ6）

・すばやく書くために、短い言葉や（①　　）を使って書いたり、内容を（②　　）書きにしてならべたりする。
・後でかくにんや（③　　）をしたいところに、印をつける。

ア　漢字
イ　記号
ウ　しつもん
エ　かじょう

◉カンジーはかせの都道府県の旅1

3 次の——線の都道府県名の読みがなを書きましょう。 15点（一つ3）

①（　　）栃木県では、イチゴが多く生産されている。
②だるまの生産がさかんな（　　）群馬県。
③（　　）埼玉県には、人形づくりで有名なちいきがある。
④（　　）新潟県から米を取りよせる。
⑤（　　）岐阜県には、がっしょうづくりの集落がある。

都道府県名の漢字は、地図を見ながら、位置といっしょにおぼえましょう。

←うらのページにつづくよ！

教科書 上44～52ページ

4 ――線の言葉を漢字を使って書きましょう。 30点(一つ3)

① やどからさかみちを上っていくと、古いおみやがあった。

② ぎんこうでお金をおろしてから、やくしょに向かった。

③ やっきょくでやすうりをすると、ぎょうれつができる。

④ 近くにできたしょうてんは、買い物につごうがよい。

◉聞き取りメモのくふう

5 次の二つの聞き取りメモを読んで、後の問題に答えましょう。

教上46ページ

㋐ 一場さんのメモ

中川先生
①水泳
　しゅう2→3
　平およぎ　とくい
　タイム　5びょう
②絵
　えのぐ(おばあちゃん)
　夏休み　けやき？

㋑ 岸さんのメモ

〈水泳〉
・週3回れんしゅう
・平泳ぎ
→タイムちぢめたい。
〈絵〉
・おばあちゃんからえのぐをもらう。
・こうえん　なつやすみに、けやき

〈「聞き取りメモのくふう」より〉

(1) 次のくふうをしているメモは、㋐と㋑どちらですか。記号を書きましょう。 18点(一つ6)

①(　　　)大事だと思ったところに印をつけている。

②(　　　)かじょう書きにしたり、矢印でつないだりしている。

③(　　　)書きまちがえたところは、線で消して書き直している。

(2) 一場さんは、よく聞き取れなかった言葉があります。正しい言葉を、岸さんのメモからぬき出しましょう。 10点

(　　　　　　　　)

ヒント **5**(2) 一場さんはよく聞き取れなかったところに「？」をつけているね。

まとめのドリル 7

漢字辞典を使おう
カンジーはかせの都道府県の旅1
漢字の広場①

時間 20分　合かく80点　／100

答え 84ページ

月　日

◉漢字辞典を使おう

1 次の□に合う漢字を書きましょう。（18点（一つ3））

① 牛の［む］れ。
② ［あいどく］書
③ 一人の［せいねん］。
④ ［めじるし］
⑤ ［ふうけい］画
⑥ ［しょか］にさく花。

◉カンジーはかせの都道府県の旅1

2 次の——線の都道府県名を漢字を使って書きましょう。（16点（一つ4））

① 七夕の祭りが有名なみやぎ県。
② かながわ県の海岸線。
③ くだものの産地で有名なやまなし県。
④ 茶畑が広がるしずおか県。

◉漢字の広場①

3 ——線の言葉を漢字を使って書きましょう。（24点（一つ3））

① おじは、小さなしまのびょういんでいしゃをしている。
② えきのちゅうおう口を出ると、すぐにほうそうきょくがある。
③ のうかが畑にタマネギをうえる。

うらのページにつづくよ！

4 漢字辞典(漢和辞典)について、問題に答えましょう。

(1) 次のようなときは、どのさくいんを使うとよいですか。後の[ ]からえらんで、記号を書きましょう。 9点(一つ3)

① 部首を手がかりにするとき。 (　　)

② 漢字の音か訓の読み方が分かっているとき。 (　　)

③ 漢字の読み方も部首も分からないとき。 (　　)

ア 音訓さくいん　イ 部首さくいん　ウ 総(そう)画さくいん

(2) 「成」という漢字を調べます。「成る」という訓読みが分かっているとき、下のさくいんの図を見ながら、次の(　)に当てはまる言葉を書きましょう。 12点(一つ4)

・(　　　)さくいんのページを開く。

▼

・分かっている訓読みの「(　　　)る」から「成」の漢字をさがす。

▼

・「成」の下に書いてある(　　　)ページを開く。

ナン	なる	ならう	なみ	なつ	ナイ
南 187	成 531	習 931	波 718	夏 278	内 129

(3) 次の漢字を総画さくいんで引きます。それぞれの漢字の総画数を漢数字で書きましょう。 12点(一つ4)

① 消(　　)画　② 発(　　)画　③ 返(　　)画

(4) 漢字辞典(漢和辞典)についての説明でまちがっているものを次から一つえらんで、○をつけましょう。 9点

ア(　)漢字の読み方や意味、使い方は分かるが、漢字の成り立ちまでは分からない。

イ(　)部首さくいんの中でも、部首の画数の少ないものからならんでいる。

ウ(　)漢字を組み立てている部分のうち、同じ部分をもつ漢字でも、部首がちがうこともある。

ヒント 4(3) ②の部首は五画、③の部首は三画で書くから気をつけてね。

きほんのドリル 8

［練習］思いやりのデザイン アップとルーズで伝える 考えと例

時間 15分　合かく80点　／100

答え 85ページ

月　日

◉［練習］思いやりのデザイン／アップとルーズで伝える

1 次の——線の漢字の読みがなを書きましょう。　24点（一つ3）

①試合（　　）　②選手（　　）　③伝える（　　）　④案内図（　　）

⑤観客席（　　）　⑥後半（　　）　⑦勝利（　　）　⑧旗をふる。（　　）

◉［練習］思いやりのデザイン

2 ㋐と㋑の案内図のうち、①〜④のとくちょうがあるのはそれぞれどちらですか。記号を書きましょう。　16点（一つ4）

㋐
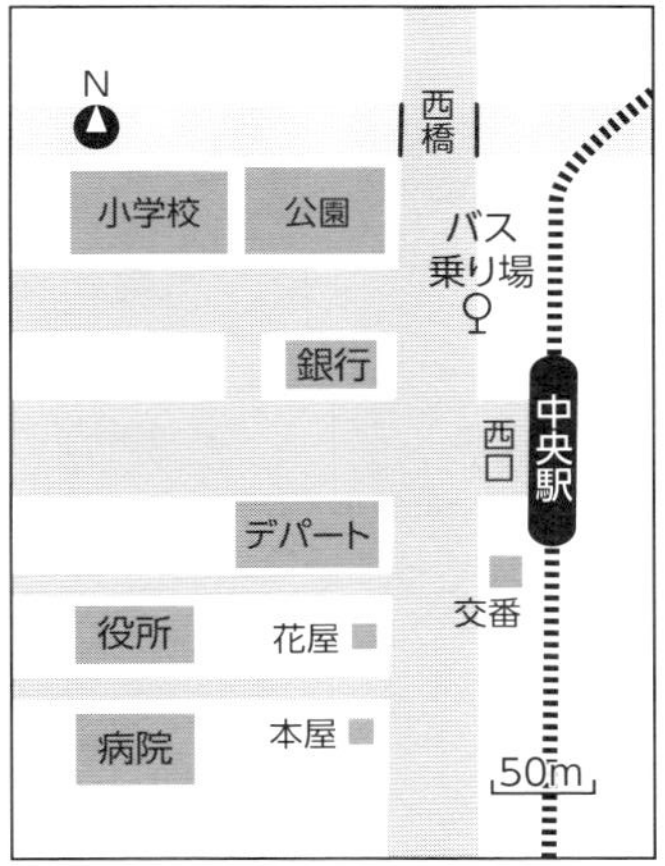

㋑
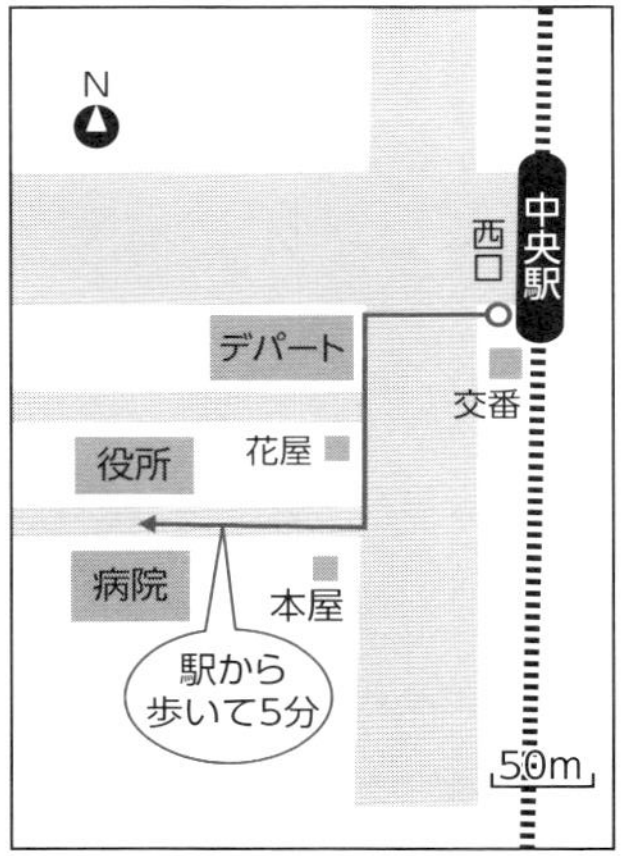

①（　　）目的地までの道順と、目印になる建物だけを表している。

②（　　）どこにどんな建物があるか一目で分かるように表している。

③（　　）目的地が決まっている人にとっては、どの道を通ればよいか、まよってしまう。

④（　　）まち全体の様子を知りたい人にとっては、十分なものではない。

◉考えと例

3 次の文章の中で、例をあげている文二つに——線をつけましょう。　10点（一つ5）

ぼくは、一対一で勝負する遊びがすきです。

例えば、しょうぎです。せめ方や守り方を考えるのがとても楽しいです。

他にも、オセロがすきです。相手の石を一気にひっくり返したときは、とても気持ちがいいからです。

教科書 上53〜65ページ

うらのページにつづくよ！

❹ 次の文章を読んで、問題に答えましょう。

教上 56ページ1行〜57ページ4行

　テレビでサッカーの試合を放送しています。今はハーフタイム。もうすぐ後半が始まろうとするところで、画面には会場全体がうつし出されています。両チームの選手たちは、コート全体に広がって、体を動かしています。観客席は、ほぼ まんいんといっていいでしょう。おうえんするチームの、チームカラーの洋服などを身に着けた人たちでうまっています。会場全体が、静かに、こうふんをおさえて、開始を待ち受けている感じが伝わります。

　いよいよ後半が始まります。画面は、コートの中央に立つ選手をうつし出しました。ホイッスルと同時にボールをける選手です。顔を上げて、ボールをける方向を見ているようです。

〈中谷日出「アップとルーズで伝える」より〉

(1) 二つの段落でそれぞれ取り上げているのは、①何がうつし出された画面ですか。②その画面から、見る人にどんなことが分かりますか。　30点(一つ10)

〈一つ目の段落〉

①（　　　）

②・コート全体に広がっている両チームの選手たち。
・ほぼ まんいんの観客席。
・会場全体が、開始を待ち受けている感じ。

〈二つ目の段落〉

①（　　　）

②［　　　］

(2) テレビや写真では、広いはんいをうつすとり方は「ルーズ」、ある部分を大きくうつすとり方は「アップ」とよばれます。一つ目の段落、二つ目の段落の画面のとり方は、それぞれ「ルーズ」と「アップ」のどちらですか。　完答20点

① 一つ目の段落…（　　　）

② 二つ目の段落…（　　　）

ヒント ❹(2) 「会場全体」は広いはんいかな、それとも、ある部分のせまいはんいかな。

お礼の気持ちを伝えよう 漢字の広場②

時間 15分　合かく80点　/100　答え 85ページ　月　日

◉お礼の気持ちを伝えよう

1 次の――線の漢字の読みがなを書きましょう。　12点（一つ3）

① 以外（　　）　② 郡（　　）　③ 季節（　　）　④ 市区町村（　　）

2 お礼の手紙を書くとき、どんな流れで書くとよいですか。次の（　）に、順番に数字を書きましょう。　完答9点

（　）手紙を書いて、読み返す。
（　）だれに、何のお礼を伝えるのか決める。
（　）手紙の型（かた）にそって、内容（よう）を考える。
（ 4 ）手紙を送る。

3 手紙の型について、次の（　）に当てはまる言葉を下の［　］から選んで、記号を書きましょう。　15点（一つ3）

① 初めのあいさつには、（　　）に関する言葉や、相手の（　　）をたずねる言葉を書く。
② 本文には（　　）ことを書く。
③ むすびのあいさつには、相手を（　　）言葉を書く。
④ 後づけに、日づけ、自分の名前、相手の（　　）を書く。

ア 名前
イ 様子
ウ 気づかう
エ 季節
オ 伝えたい

4 お礼の手紙を書くときに大切なこととして正しいものには○、そうでないものに×をつけましょう。　16点（一つ4）

㋐（　）何に対して、どんな気持ちかを書く。
㋑（　）読みやすさは考えず、気持ちをこめて書く。
㋒（　）ていねいな言葉を使って書く。
㋓（　）書き終わったら、読み返さずに送る。

うらのページにつづくよ！

◉漢字の広場②

5 ——線の言葉を漢字を使って書きましょう。 27点（一つ3）

① かぞくで九州りょこうにしゅっぱつする。

② てっぱんで焼（や）いた肉をびょうどうにくばる。

③ あつい日に、プールでいきつぎのれんしゅうをする。

◉お礼の気持ちを伝えよう

6 次のお礼を伝える手紙を読んで、問題に答えましょう。

□季節となりました。大山さんはお元気ですか。先日、米作りについて教えていただいた、東山小学校四年一組の小川夏美です。

この間は、大山さんの田んぼの生き物にやさしい米作りについて、くわしく教えてくださり、ありがとうございました。一年を通してどんな作業をしているか、写真を見せながら説明してくださったので、とてもよく分かりました。お米がみのるころに、また田んぼをおとずれてみたいと思いました。

これからもお体に気をつけてお仕事をなさってください。さようなら。

五月十五日

小川夏美

大山正一様

(1) □にふさわしいあいさつを一つ選んで、○をつけましょう。 6点

ア（　）寒さがゆるむ
イ（　）新緑の美しい
ウ（　）風がつめたい

(2) 相手の様子をたずねている文に〰〰線をつけましょう。 6点

(3) 本文につけくわえるとよい内容（よう）を一つ選んで、○をつけましょう。 6点

ア（　）自分はパンよりお米をよく食べること。
イ（　）田んぼで使う道具についてききたいこと。
ウ（　）田んぼで生き物を見たときの感想。

(4) 「お米がみのる」の——線部を漢字を使って書きましょう。 3点

（　　　　　）

ヒント ⑥(3) 大山さんへのお礼の気持ちがよりよく伝わる内容をつけくわえよう。

まとめのドリル 10

[練習] 思いやりのデザイン
アップとルーズで伝える
漢字の広場②

時間 20分　合かく80点　/100　答え 85ページ　月　日

◉[練習] 思いやりのデザイン／アップとルーズで伝える

1 次の□に合う漢字を書きましょう。 15点(一つ3)

① □□(せつめい)する　② 山の□(けしき)。　③ 親しい□□(かんけい)。

④ 道□□(あんない)　⑤ 記者が□□(しゅざい)する。

◉アップとルーズで伝える

2 次の――線の言葉と反対の意味の言葉を、漢字を使って書きましょう。 15点(一つ3)

① 番組の後半。 ⟷ (　　)　② 話が終わる。 ⟷ (　　)

③ 試合に勝つ。 ⟷ (　　)　④ 品数が多い。 ⟷ (　　)

⑤ ニュースの送り手。 ⟷ (　　)

◉漢字の広場②

3 ――線の言葉を漢字を使って書きましょう。 18点(一つ2)

① じゆうけんきゅうで、まめの生長をしらべる。

② みどりいろのコップにジュースをそそぎ、ゆっくりとあじわう。

③ なつまつりでは、ゆうめいじんのショーやかきごおりが楽しみだ。

うらのページにつづくよ！

教科書 上53～70ページ

4 次の文章を読んで、問題に答えましょう。

教上 58ページ1行～59ページ12行

　アップでとったゴール直後のシーンを見てみましょう。ゴールを決めた選手が両手を広げて走っています。ひたいにあせを光らせ、口を大きく開けて、全身でよろこびを表しながら走る選手の様子がよく伝わります。アップでとると、細かい部分の様子がよく分かります。しかし、このとき、ゴールを決められたチームの選手は、どんな様子でいるのでしょう。それぞれのおうえん席の様子はどうなのでしょう。走っている選手いがいの、うつされていない多くの部分のことは、アップでは分かりません。

　試合終了（りょう）直後のシーンを見てみましょう。勝ったチームのおうえん席です。あちこちでふられる旗、たれまく、立ち上がっている観客と、それに向かって手をあげる選手たち。選手とおうえんした人たちとが一体となって、勝利をよろこび合っています。ルーズでとると、広いはんいの様子がよく分かります。でも、各（かく）選手の顔つきや視（し）線、それらから感じられる気持ちまでは、なかなか分かりません。

〈中谷（なかや） 日出（ひで）「アップとルーズで伝える」より〉

(1) ゴールを決めた選手の様子をくわしく表している一文を文章中から見つけて、〰〰線をつけましょう。　5点

(2) 「このとき」とありますが、どんなときですか。　7点

［　　　　　　　　　　　　　　　］

(3) 上の文章には、アップとルーズのちがいが書かれています。そのちがいが分かるように、（　）に当てはまる言葉を、文章中からぬき出しましょう。　40点（一つ10）

① アップでとると、

（　　　　　　）の様子がよく分かる。しかし、

（　　　　　　）のことは分からない。

② ルーズでとると、

（　　　　　　）の様子がよく分かる。しかし、

（　　　　　　）までは分からない。

ヒント 4(1) アップでとったシーンを表している文をさがそう。

きほんのドリル 11. 一つの花

時間 15分　合かく80点　／100　答え 85ページ　月　日

1 次の――線の漢字の読みがなを書きましょう。 12点(一つ3)

① ご飯（　　）　② 兵隊（　　）　③ 戦争（　　）　④ 泣き顔（　　）

2 次の言葉の意味を後の□から選んで、記号を書きましょう。 9点(一つ3)

① 配給（　）　② 防空頭巾（　）　③ 軍歌（　）

ア 一定量の物をわり当てて配ること。
イ 戦意を高めるための歌。
ウ 空襲から頭を守るための頭巾。
エ 寒さから頭を守る頭巾。

3 次の文章を読んで、問題に答えましょう。

教上 73ページ4行～74ページ3行

　ゆみ子は、いつもおなかをすかしていたのでしょうか。ご飯のときでも、おやつのときでも、もっともっとと言って、いくらでもほしがるのでした。

　すると、ゆみ子のお母さんは、

「じゃあね、一つだけよ。」

と言って、自分の分から一つ、ゆみ子に分けてくれるのでした。

「一つだけ――。一つだけ――。」

と、これが、お母さんの口ぐせになってしまいました。ゆみ子は、知らず知らずのうちに、お母さんの口ぐせをおぼえてしまったのです。

〈今西祐行「一つの花」より〉

(1) 「いくらでもほしがるのでした」とありますが、なぜですか。それが分かる一文を見つけて、初めの六字をぬき出しましょう。（句読点も数えます。） 10点

□□□□□□

(2) 「一つだけ――。」とありますが、この言葉がお母さんの口ぐせになったのは、なぜですか。 10点

［　　　　］

(3) ゆみ子が(2)の言葉をおぼえたのは、なぜですか。 10点

（　　　　）

教科書 上71～84ページ

うらのページにつづくよ！

4 次の文章を読んで、問題に答えましょう。

教上 74ページ5行〜75ページ4行

「なんてかわいそうな子でしょうね。一つだけちょうだいと言えば、何でももらえると思ってるのね。」

あるとき、お母さんが言いました。

すると、お父さんが、深いため息をついて言いました。

「この子は、一生、みんなちょうだい、山ほどちょうだいと言って、両手を出すことを知らずにすごすかもしれないね。一つだけのいも、一つだけのにぎり飯、一つだけのかぼちゃのにつけ——。みんな一つだけ。一つだけのよろこびさ。いや、よろこびなんて、一つだってもらえないかもしれないんだね。いったい、大きくなって、どんな子に育つだろう。」

そんなとき、お父さんは、決まってゆみ子をめちゃくちゃに高い高いするのでした。

〈今西(いまにし) 祐行(すけゆき)「一つの花」より〉

(1) 「なんてかわいそうな子でしょうね。」とありますが、お母さんは、ゆみ子のどんなところをかわいそうと言っているのですか。それが書かれている一文の初めの五字をぬき出しましょう。 10点

(2) 「深いため息をついて言いました」とありますが、お父さんはどんなことに対してため息をついたのですか。次から一つ選んで、○をつけましょう。 9点

ア（　）ゆみ子が一つしか食べないこと。

イ（　）ゆみ子が一つしかほしがらないこと。

ウ（　）ゆみ子がもらってもよろこばないこと。

(3) お父さんのゆみ子に対する思いがいちばん強く表れている一つづきの二文を、お父さんの言葉の中から見つけて、〰〰線をつけましょう。 10点

(4) 「お父さんは、決まってゆみ子をめちゃくちゃに高い高いするのでした」とありますが、このときのお父さんの気持ちを考えて書きましょう。 20点

（　　　　　　）

ヒント 4(4) 「高い高い」されると、子どもはどんな気分になるかな。

きほんのドリル 12

つなぎ言葉のはたらきを知ろう

時間 10分　合かく80点　／100
答え 86ページ
月　日

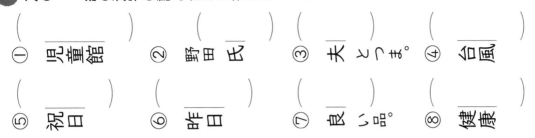

1 次の――線の漢字の読みがなを書きましょう。　32点（一つ4）

① 児童館（　　）　② 野田 氏（　　）　③ 夫 とつま。（　　）　④ 台風（　　）
⑤ 祝日（　　）　⑥ 昨日（　　）　⑦ 良い品。（　　）　⑧ 健康（　　）

2 次の（　）に当てはまるつなぎ言葉を後の□から選んで、書き入れましょう。　18点（一つ9）

① 夜おそくまで勉強した。（　　　）、合格できなかった。
② かれは天才だった。（　　　）、努力家でもあった。

また　　ところで　　けれども

3 次の二つの文のつなぎ言葉は、話し手のどんな気持ちを表しますか。後の□から選んで、記号を書きましょう。　20点（一つ10）

①（　　）コンクールの前、必死で練習した。だから、三位だった。
②（　　）コンクールの前、必死で練習した。しかし、三位だった。

ア 三位になれてうれしい。　イ 三位になってくやしい。
ウ 三位なので感想はない。

4 つなぎ言葉のはたらきに合うように、次の文のつづきを考えて書きましょう。　30点（一つ15）

① 雨の日がつづいた。しかし、
（　　　　　　　　　　　　）
② たくさん食べた。だから、
（　　　　　　　　　　　　）

きほんのドリル 13。

短歌・俳句に親しもう（一）

時間 10分　合かく80点　／100　答え 86ページ　サクッとこたえあわせ

月　日

●短歌→五・七・五・七・七の三十一音からできている短い詩。

いにしへの奈良の都の八重桜今日九重に匂ひぬるかな（伊勢大輔）
（五音／七音／五音／七音／七音）

▼音数を、手をたたいたり指をおったりしてたしかめてみましょう。

▼次の短歌のように、音数が多い例もあります。

君がため春の野に出でて若菜摘む我が衣手に雪は降りつつ（光孝天皇）
（五音／八音／五音／七音／七音）

1 次の短歌を平がなに直して、五つの部分に分けて書きましょう。　70点（一つ14）

石走る垂水の上のさわらびの萌え出づる春になりにけるかも（志貴皇子）

第一句（　　）第二句（　　）第三句（　　）第四句（　　）第五句（　　）

●俳句→五・七・五の十七音からできている、季節感のある短い詩。

夏河を越すうれしさよ手に草履（与謝蕪村）
（五音／七音／五音）

▼次の俳句は、五・七・五のリズムはもちながら、音数が多い例です。

雀の子そこのけそこのけ御馬が通る（小林一茶）
（五音／八音／七音）

2 次の俳句を平がなに直して、三つの部分に分けて書きましょう。　30点（一つ10）

梅一輪一輪ほどの暖かさ（服部嵐雪）

（　　）（　　）（　　）

きほんのドリル 14.

要約するとき 新聞を作ろう (1)

時間15分 合かく80点 /100

答え 86ページ

月 日

◎要約するとき／新聞を作ろう

1 次の――線の漢字の読みがなを書きましょう。 15点(一つ5)

① 清書（　　） ② 要約（　　） ③ 工夫（　　）

2 文章や物語の内容を要約して伝えるときに気をつけることをまとめます。次の（　）に当てはまる言葉を後の[　]から選んで、記号を書きましょう。 20点(一つ4)

① 伝える（　）はだれか、要約する（　）は何か、どのくらいの分量にまとめるのかをたしかめる。

② （　）を読んでいない人にも正しく伝わるようにする。

③ 説明する文章や物語など、元の文章の（　）に合わせたやり方でまとめる。

④ 要約した部分と、自分の（　）や意見とをきちんと分ける。

ア 種類	イ 感想	ウ 元の文章	エ 目的	オ 相手

◎新聞を作ろう

3 次の言葉の意味をそれぞれ選んで、○を付けましょう。 15点(一つ5)

① じょうほう
- ア（　）多くの人が知りたがる事がら。
- イ（　）物事の様子や事情などについての知らせ。
- ウ（　）めったに聞くことのないめずらしい知らせ。

② 取材
- ア（　）作品や記事などの材料を集めること。
- イ（　）いるものを取り入れ、いらないものはすてること。
- ウ（　）自分のものにすること。

③ 記録
- ア（　）知ったことをわすれること。
- イ（　）前にあったことを思い出すこと。
- ウ（　）後のために書きのこすこと。

うらのページにつづくよ！

4 新聞を作る手順を表すように、次の（　）に番号を書きましょう。　完答10点

㋐（　　）わり付けを決める。

㋑（　　）記事を書く。

㋒（　　）取材をする。

㋓（　　）どんな新聞にするかを決める。

㋔（ 5 ）新聞を仕上げる。

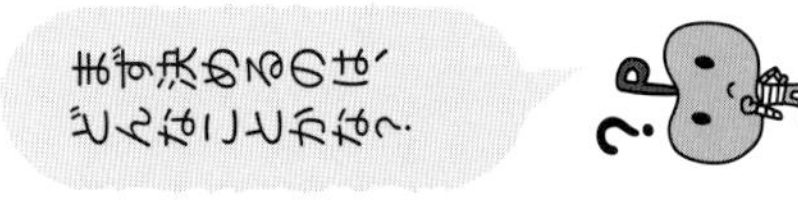

5 新聞のとくちょうと工夫について、次の（　）に当てはまる言葉を後の［　］から選んで、書き入れましょう。　15点（一つ5）

① 決まった場所に、新聞名と、（　　　）や発行者が書いてある。
② 記事の前に、その内容（よう）を短い言葉で表す（　　　）が付いている。
③ 記事をより分かりやすくするために、（　　　）・絵・図・表などが、文章と組み合わせて使われている。

写真　見出し　発行日　名前

6 新聞を作るときに注意することとして正しいものに○、そうでないものに×を付けましょう。　25点（一つ5）

㋐（　）記事には、自分がじっさいに見て調べたことだけを書き、図書館やインターネットで調べたことは書かないようにする。

㋑（　）読む人にいちばん知らせたい記事は、大きく取り上げて目立つところにおく。

㋒（　）本文や見出しに使う文字の大きさはあらかじめ決めておき、どの記事でも同じにする。

㋓（　）インタビューをするときには、相手がどんな人であったかおぼえておくために必ず顔写真をさつえいしておく。

㋔（　）わり付けを決めるときに、写真や図も入れるかどうか、どのような大きさにするかなども考える。

ヒント　6㋐ 新聞で伝えるじょうほうは、さまざまな方法で取材することができるね。

きほんのドリル 15.

新聞を作ろう (2)
カンジーはかせの都道府県の旅2
季節の言葉2　夏の楽しみ

時間 15分
合かく80点　/100
サクッとこたえあわせ
答え 86ページ
月　日

◎新聞を作ろう

1 次の——線の漢字の読みがなを書きましょう。　8点(一つ4)

① わり付け（　　）
② 回答（　　）

◎カンジーはかせの都道府県の旅2

2 次の——線の都道府県名に読みがなを書きましょう。　24点(一つ4)

① 香川（　　）県のうどんは、全国的によく知られている。
② 佐賀（　　）県でとう芸の体験をする。
③ 長崎（　　）県みやげに、カステラを買う。
④ 熊本（　　）県は、トマトの生産がさかんだ。
⑤ 大分（　　）県には、有名な温泉地がある。
⑥ 徳島（　　）県へ行き、阿波おどりを楽しむ。

漢字は筆順にも気をつけて、しっかりおぼえよう！

◎新聞を作ろう

3 次の言葉の意味を後の［　］から選んで、記号を書きましょう。　8点(一つ4)

① 集計（　　）　② けっか（　　）

ア ある原いんによってもたらされた事。
イ 数を集めて合計すること。
ウ 物事をとりまとめること。
エ 目的にかなったよい終わり。

教科書 上92～103ページ

うらのページにつづくよ！

◉ 季節の言葉2　夏の楽しみ

4 次の説明に合う言葉を後の[ ]から選んで、書き入れましょう。　20点（一つ4）

① 一年でもっとも昼の時間が長い日。（　　）

② おぼんに多くの人が集まって楽しむおどり。（　　）

③ 季節に合わせた服の入れかえ。（　　）

④ ほたるが飛んでいるのをながめること。（　　）

⑤ 七夕のかざりなどに用いる細長い紙。（　　）

[たんざく　ころもがえ　夏至（げし）　ほたるがり　ぼんおどり]

◉ 新聞を作ろう

5 アンケートを作るときに気をつけることをまとめます。次の（　）に当てはまる言葉を下の[ ]から選んで、書き入れましょう。　20点（一つ5）

① 何について（　　）のかを話し合う。

② だれに（　　）ことをきくとよいか考える。

③ 答える人が、（　　）問いを作る。

④ 回答を（　　）し、回答のしかたを決める。

[予想　どんな　調べる　答えやすい]

6 アンケートを集計するときのやり方として正しいものには○、そうでないものには×を付けましょう。　20点（一つ4）

㋐（　）文章で回答してもらったときは、にたものをまとめてから数える。

㋑（　）文章で回答してもらったときは、ちがうものそれぞれに名前をつけるとよい。

㋒（　）集計けっかは、近いものをまとめてグループにする。

㋓（　）けっかは、表やグラフにすると、読む人にとって分かりやすい。

㋔（　）けっかは、必ず絵や写真を使って表さなければならない。

ヒント **5**④ 回答のしかたには、文章で書いたり、どれかを選んだりするものがあるね。

まとめのドリル 16

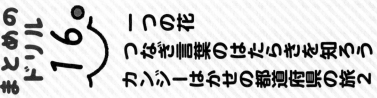

一つの花 つなぎ言葉のはたらきを知ろう カンジーはかせの都道府県の旅2

時間 20分　合かく80点　／100

答え 87ページ

月　日

◉一つの花／つなぎ言葉のはたらきを知ろう

1 次の□に合う漢字を書きましょう。　18点（一つ3）

① 白い［ほうたい］。

② 消化［きかん］

③ ［ひゃっかてん］

④ 米の［はいきゅう］。

⑤ ［けんこう］な体。

⑥ ［ときょうそう］

◉つなぎ言葉のはたらきを知ろう

2 次の各文の、つなぎ言葉の使い方が正しいほうに○を付けましょう。　12点（一つ4）

①
- ア（　）きのう新しいくつを買った。だから、古いくつをはいてしまった。
- イ（　）きのう新しいくつを買った。しかし、古いくつをはいてしまった。

②
- ア（　）とても努力した。それで、成功することができた。
- イ（　）とても努力した。しかし、成功することができた。

③
- ア（　）三時間歩いた。でも、目的地が見えなかった。
- イ（　）三時間歩いた。そのため、目的地が見えなかった。

◉カンジーはかせの都道府県の旅2

3 次の――線の都道府県名を漢字を使って書きましょう。　16点（一つ4）

① 琵琶湖のあるしが県。

② えひめ県産のみかんを食べる。

③ さきゅうがあるとっとり県。

④ おきなわ県の島に行く。

教科書 上71～101ページ

←うらのページにつづくよ！

4 次の文章を読んで、問題に答えましょう。

教上 78ページ4行〜79ページ12行

「みんなおやりよ、母さん。おにぎりを――。」

お父さんが言いました。

「ええ、もう食べちゃったんですの――。ゆみちゃん、いいわねえ。お父ちゃん、兵隊ちゃんになるんだって。ばんざあいって――。」

お母さんは、そう言ってゆみ子をあやしましたが、ゆみ子は、とうとう泣きだしてしまいました。

「一つだけ。一つだけ。」

と言って。

お母さんが、ゆみ子を一生けんめいあやしているうちに、お父さんが、ぷいといなくなってしまいました。

お父さんは、プラットホームのはしっぽの、ごみすて場のような所に、わすれられたようにさいていたコスモスの花を見つけたのです。あわてて帰ってきたお父さんの手には、一輪のコスモスの花がありました。

「ゆみ。さあ、一つだけあげよう。一つだけのお花、大事にするんだよう――。」

ゆみ子は、お父さんに花をもらうと、キャッキャッと足をばたつかせてよろこびました。

お父さんは、それを見てにっこりわらうと、何も言わずに、汽車に乗って行ってしまいました。ゆみ子のにぎっている、一つの花を見つめながら――。

〈今西祐行(いまにしすけゆき)「一つの花」より〉

(1) 「一つだけ。」とありますが、ゆみ子は何をほしがっているのですか。 10点

(　　　　)

(2) 「お母さんが、ゆみ子を一生けんめいあやしている」とありますが、このときのお母さんの気持ちに合うものを次から一つ選んで、○を付けましょう。 12点

ア(　)おにぎりがもうないことを知られたくない。

イ(　)お父さんをいさましく送ってあげたい。

ウ(　)お父さんにゆみ子の泣き顔を見せたくない。

(3) コスモスの花をゆみ子にあげたときのお父さんは、どんな気持ちだったのですか。文章中の言葉をもとに考えて書きましょう。 12点

せめてコスモスの花で

(　　　　)やりたい。

(4) 「お父さんは、それを見て……見つめながら――。」のときのお父さんの気持ちを、考えて書きましょう。 20点

(　　　　)

ヒント 4(3) お父さんは、コスモスの花でゆみ子をどんな気持ちにさせてやりたいと思ったのかな。

きほんのドリル 17. 本のポップや帯を作ろう 神様の階段（だん）

時間 15分　合かく80点　／100　答え 87ページ　月　日

サクッとこたえあわせ

◉神様の階段

1 次の——線の言葉の読みがなを書きましょう。　18点（一つ3）

① 手伝う（　）　② 働く（　）　③ 春夏（しゅんか）（　）秋冬（　）の四季。

④ 栄養（　）　⑤ 熱帯（　）　⑥ 満（　）ち足りる

◉本のポップや帯を作ろう

2 次の——線の言葉の意味をそれぞれ選んで、○を付けましょう。　15点（一つ5）

① 本の帯にすいせん文を書く。

ア（　）本の表紙のうらにはってある色紙。
イ（　）本の表紙にまき付けてある細長い紙。
ウ（　）本の間にはさんである小さい紙。

② 書店でポップを読んで本を買う。

ア（　）インターネットで自動的に出てくる画面。
イ（　）いろいろな商品をしょうかいしてある数ページの本。
ウ（　）人目を引くために商品の近くにおいてある広こく。

③ 夏祭りのキャッチコピーを考える。

ア（　）よさやとくちょうを表した短い一言。
イ（　）様子がイメージできるような音楽。
ウ（　）文字を使わずに意味を伝えるための図案。

◉神様の階段

3 次の（　）に当てはまる言葉を下の［　］から選んで、記号を書きましょう。　16点（一つ4）

① 草が（　）しげっている。
② 牛が（　）ひなたぼっこをする。
③ 黒々とした高い山が（　）そびえる。
④ 朝の風景が（　）かわっていく。

ア どうどうと
イ のんびりと
ウ 青々と
エ こくこくと

← うらのページにつづくよ！

教科書 上 104～115ページ

4 次の文章を読んで、問題に答えましょう。

教上 112ページ下段11行～113ページ下段1行

水のつぶが大気にとけこんで、遠くの田んぼが白くかすんでいる。よく見ると、人といっしょに牛がいる。日本ではもう見られなくなった風景に出会って、うれしさがこみ上げてきた。ぼくはあぜ道をかけ下りた。

カラン、カラン、カラン。

首にすずを付けた牛が、どろまみれになって働いていた。大きなすきでどろをかき回す、「しろかき」という仕事をしている。

牛は、農家の人にとって、たのもしいあいぼうだ。かけ声にこたえて、もくもくと働く。力があるので、みるみるうちに、土を深くたがやしてくれる。

バリ島の農家の人たちにとって、牛は家族と同じなのだろう。家の近くでかわれていて、とても大事にされている。

牛は力仕事をするだけでなく、田んぼにとって大切な土も作ってくれる。牛のふんは、植物を育てるひりょうになる。ふんとどろがまじったどくとくのにおいは、栄養たっぷりの土ができる印だ。

〈今森(いまもり) 光彦(みつひこ)「神様の階段」より〉

(1) 「日本ではもう見られなくなった風景」とは、どんな風景ですか。次から一つ選んで、○を付けましょう。 9点

ア（　）田んぼが白くかすんで見える風景。

イ（　）田んぼで人と牛がいっしょに働いている風景。

ウ（　）はるか遠くまで田んぼが広がっている風景。

(2) 「カラン、カラン、カラン。」は、何の音を表していますか。 10点

（　　　）

(3) 「バリ島の農家の人たちにとって、牛は家族と同じなのだろう。」と筆者が思ったのはなぜですか。 12点

（　　　）

(4) 田んぼで働く牛は、どんなことをしてくれますか。 20点(一つ5)

① 牛は（　　　）があるので、土を（　　　）くれる。

② 牛の（　　　）が、田んぼに（　　　）の土を作ってくれる。

ヒント 4(4)② 田んぼの土がどうなると、作物がよく育つかな。

まとめのドリル 18 本のポップや帯を作ろう 神様の階段(だん)

時間 20分　合かく80点　／100

答え 87ページ

月　日

◉神様の階段

1 次の□に合う漢字を書きましょう。 12点(一つ4)

① 工場で［はたら］く。② ［えいよう］をとる。③ しおが［み］ちる。

◉本のポップや帯を作ろう

2 本のポップにはどのようなことを書くとよいですか。次の（　）に当てはまる言葉を後の□から選んで、記号を書きましょう。 12点(一つ3)

① 心にのこった文を（　）したり、（　）を考えて書いたりする。

② 本の（　）や、作者・筆者名を書く。

③ 本の内容(よう)をしょうかいする文章や、自分の（　）を書く。

ア 感想　イ キャッチコピー　ウ 題名　エ 引用

◉神様の階段

3 次の文章を読んで、問題に答えましょう。

教 上 113ページ下段3行～113ページ下段15行

翌朝(よく)、夜明け前に目をさまして、田んぼに行ってみた。うす暗がりの中で、アグン山が、黒々としたすがたを見せている。やみの中から、音もなく、静かにうかび上がる風景。

やがて、山のいただきから光の帯があらわれ、雲が赤くなってきた。田んぼの一まい一まいに、もえる空がうつりこむ。

土手を上っていくと、風景がこくこくとかわる。あぜ道のしなやかな曲線が、息をのむほど美しい。朝一番の光が、かがみのような水面にはんしゃして、まぶしくかがやく。

〈今森(いまもり) 光彦(みつひこ)「神様の階段」より〉

(1) 「うす暗がり」の中で見えているものは何ですか。 10点

（　　　　）

(2) 「もえる空」とは、どのような空ですか。 10点(一つ5)

（　　　　）にてらされた雲が（　　　　）なっている空。

(3) 田んぼの水面を、何にたとえていますか。 6点

（　　　　）

うらのページにつづくよ！

教科書 上 104～115ページ

4 次の文章を読んで、問題に答えましょう。

教上114ページ上段6行～115ページ10行

　たわわに実った田んぼの一角で、女の人が何かをかざっている。デウィ・スリという神様をおまねきするための場所、サンガパクワンを作っているのだという。

　デウィ・スリは、ふだんは山に住んでいるが、いねが実ると、田んぼにまい下りてくるのだそうだ。そこで、人々は、デウィ・スリのために小さな家を作って、花やお米やおかしをささげ、しゅうかくまでの間、そこに住んでもらう。デウィ・スリがサンガパクワンに住み着くと、必ず豊作になるという。

　真っ黄色にかがやくいねの海原を下っていると、花をのせたお皿を持った女の人たちとすれちがった。これは、チャナンサリという、神様のためのおそなえ物だ。

　人々にとって、田んぼは、神様の住むアグン山へつづく道。

　山に向かって重なるたな田は、「神様の階段」。

　青い海をのぞむしゃめんで、たくさんの人に出会った。横にならんで、かけ声をかけながら、けんめいにくわで土をほっている。だれもがみんな、あせだくだ。きいてみると、これから、ここにたな田を作るのだという。

〈今森 光彦「神様の階段」より〉

(1) 次の言葉はそれぞれ何を表していますか。後から一つずつ選んで、記号を書きましょう。 12点（一つ4）

① デウィ・スリ （　）
② サンガパクワン （　）
③ チャナンサリ （　）

ア 神様をおまねきする家。
イ 神様のためのおそなえ物。
ウ アグン山に住んでいる神様。

(2) 神様におそなえしているものを、三つ書きましょう。 12点（一つ4）

（　　）（　　）（　　）

(3) 人々が田んぼに神様をおまねきするのはなぜですか。 6点

（　　）になってほしいから。

(4) 「たわわに実った田んぼ」を表している言葉を三つ目の段落から見つけて、〰〰線を付けましょう。 10点

(5) 人々にとって、「たな田」はどんなものですか。当てはまるものに○を付けましょう。 10点

ア（　）神様からいただいて守ってきたもの。
イ（　）島の風景を美しくしてくれるもの。
ウ（　）神様とのつながりが感じられるもの。

ヒント ４(5) たな田を上っていくと、神様の住んでいるところに近づくんだね。

夏休みのホームテスト 19

四月から七月に習った漢字と言葉

時間 20分　合かく80点　／100

答え 88ページ

月　日

1 次の——線の漢字の読みがなを書きましょう。　20点（一つ1）

① 友達（　　）
② 事典（　　）
③ 司書（　　）
④ 富山県（　　）
⑤ 機械（　　）
⑥ 絵画（　　）
⑦ 立春（　　）
⑧ 茨城県（　　）
⑨ 七夕（　　）
⑩ 一輪（　　）
⑪ 軍歌（　　）
⑫ 愛媛県（　　）
⑬ 部首（　　）
⑭ 記録（　　）
⑮ 分類（　　）
⑯ 沖縄県（　　）
⑰ 記す（　　）
⑱ 包帯（　　）
⑲ 画数（　　）
⑳ 滋賀県（　　）

2 次の□に合う漢字を書きましょう。　30点（一つ2）

① □（な）の花
② 木の□（め）
③ □□（ほうほう）を教える。
④ □（うめ）がさく。
⑤ □□（おおさかふ）
⑥ □□（きせつ）の行事。
⑦ □（とっとり）県
⑧ □（はた）をふる。
⑨ 代表□□（せんしゅ）
⑩ □□（ふくい）県
⑪ 五十音□（じゅん）
⑫ □（かごしま）県
⑬ □（な）き顔
⑭ 文章の□□（ようやく）。
⑮ □□（しあい）に勝つ。

うらのページにつづくよ！

3 次の――線の言葉の意味を後の［　］から選んで、記号を書きましょう。 12点（一つ3）

① 人々がいっせいに店におしかけた。（　　）
② 荷物をまとめてせかせかと出て行く。（　　）
③ 顔色がみるみる良くなっていった。（　　）
④ 笛やたいこの音がたえず鳴りひびく。（　　）

ア 進み方が速い様子。　イ とぎれることなくつづく様子。
ウ 落ち着きがない様子。　エ 同時にそろって行う様子。

4 反対の意味の言葉を漢字を使って書きましょう。 6点（一つ3）

① 終了（りょう）↔［　　］
② 部分↔［　　］

5 次の漢字を漢字辞典（漢和辞典）で調べます。①～④のとき、どのさくいんを使うとよいですか。後の［　］から選んで、記号を書きましょう。 16点（一つ4）

短

① 音が「タン」だということが分かっている。（　　）
② 部首が「矢（やへん）」だということが分かっている。（　　）
③ 読み方も部首も分からない。（　　）
④ 訓が「みじか-い」だということが分かっている。（　　）

ア 音訓さくいん　イ 部首さくいん　ウ 総（そう）画さくいん

6 次の（　）に当てはまるつなぎ言葉を後の［　］から選んで、記号を書きましょう。 16点（一つ4）

① 月曜日に図書館に行った。（　　）、休館日だった。
② 春休みは、海に行きますか。（　　）、山に行きますか。
③ 話はこれでおしまい。（　　）、お昼にしましょう。
④ 父は動物が好きだ。（　　）、よく動物園に行く。

ア それで　イ けれども　ウ では
エ つまり　オ それとも

きほんのドリル 20

忘れもの　ぼくは川　あなたなら、どう言う

時間 15分　合かく80点　／100　答え 88ページ　月　日

◉ぼくは川／あなたなら、どう言う

1 次の——線の言葉の読みがなを書きましょう。　12点（一つ4）

① お姉さん（　　）　② 命令（　　）　③ 真っ赤（　　）

◉ぼくは川

2 次の——線の言葉の意味を選んで、○を付けましょう。　12点（一つ4）

① 地面をうるおす。
- ア（　）水があふれる。
- イ（　）ほどよく水分をあたえる。

② あせがほとばしる。
- ア（　）いきおいよくふき出す。
- イ（　）はね返って飛んでいく。

③ いたみにのたうつ。
- ア（　）ゆっくりと動き回る。
- イ（　）苦しくて転げ回る。

3 次の詩を読んで、問題に答えましょう。　24点（一つ12）

教上 118ページ～119ページ

ぼくは川　　阪田寛夫

じわじわひろがり
背をのばし
土と砂とをうるおして
くねって　うねって　ほとばしり
とまれと言っても　もうとまらない
ぼくは川
真っ赤な月にのたうったり
砂漠のなかに渇いたり
それでも雲の影うかべ
さかなのうろこを光らせて
あたらしい日へほとばしる
あたらしい日へほとばしる

(1) 川である「ぼく」は、どのように流れていますか。次から一つ選んで、○を付けましょう。
- ア（　）長くゆっくり休んでは、少しだけ進んでいる。
- イ（　）楽しみをもとめて、あちこちより道をしている。
- ウ（　）いろんなことがありながらも、前へと進んでいる。

(2) この詩について、次の（　）に当てはまる言葉を書きましょう。

人間の生き方を（　　　）にたとえて表している。

うらのページにつづくよ！

◎忘れもの

4 次の詩を読んで、問題に答えましょう。

教上 116ページ～117ページ

忘れもの　　　高田敏子

入道雲にのって
夏休みはいってしまった
「サヨナラ」のかわりに
素晴らしい夕立をふりまいて

けさ　空はまっさお
木々の葉の一枚一枚が
あたらしい光とあいさつをかわして
いる

だがキミ！　夏休みよ
もう一度　もどってこないかな
忘れものをとりにさ

迷子のセミ
さびしそうな麦わら帽子
それから　ぼくの耳に
くっついて離れない波の音

(1) 「あたらしい光」は、どのようなことを表していますか。次から一つ選んで、○を付けましょう。　10点

ア（　）季節がかわったこと。
イ（　）天気がいいこと。
ウ（　）夏休みであること。

(2) 「忘れもの」の例をならべているのは、第何連ですか。　10点

第［　　］連

(3) 「忘れもの」をしたのは、だれ（何）ですか。　10点

［　　　　］

(4) 作者は、夏休みがいってしまったことをどのように感じているのですか。　10点

［　　　　］

◎あなたなら、どう言う

5 あなたがテレビを見ていると、弟がさわぎながら部屋に入ってきました。たがいになっとくして、したいことができるようにするには、弟に対してどう言えばよいですか。考えて書きましょう。　12点

●あなた
楽しみにしていたテレビ番組なので、静かにしてほしいと思っている。

●弟
おもしろいことがあったので、あなたに教えてあげようとしている。

［　　　　］

ヒント
4 (4) 「もう一度　もどってこないかな」と言っているよ。

きほんのドリル 21。

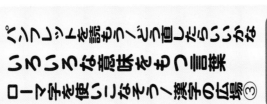

パンフレットを読もう／どう直したらいいかな　いろいろな意味をもつ言葉　ローマ字を使いこなそう／漢字の広場③

時間 15分　合かく80点　／100

答え 88ページ

月　日

◉パンフレットを読もう／どう直したらいいかな／ローマ字を使いこなそう

1 次の――線の漢字の読みがなを書きましょう。　24点（一つ3）

①（　）位置　②（　）漁業　③（　）参考　④（　）英語

⑤（　）治水　⑥（　）合唱　⑦（　）印刷　⑧（　）海水浴場

◉いろいろな意味をもつ言葉

2 次の□には同じ言葉が入ります。〈例〉にならって、上の□にその言葉を平がなで書きましょう。　16点（一つ4）

〈例〉 とる ― 食事を とる／コピーを とる／こん虫を とる／すもうを とる

① □ ― 火を □／日記を □／気を □

② □ ― 貯金(ちょきん)を □／大根を □／荷物を □

③ □ ― 電話を □／三に二を □／めがねを □

④ □ ― かぜを □／つなを □／ピアノを □

◉ローマ字を使いこなそう

3 ローマ字には「し」や「ち」のように、書き方が二つあるものがあります。次の言葉をべつの書き方で書きましょう。　12点（一つ3）

① はちまき　hatimaki

② ふるさと　hurusato

③ じゃがいも　zyagaimo

④ 写真　syasin

◉漢字の広場③

4 ――線の言葉を漢字を使って書きましょう。 26点（一つ2）

① ジュースをのませてもらったおれいを言って、立ちさる。

② くらくてふかいあなの中を、手さぐりですすむ。

③ ころがるボールをあわてておう。

④ すなはまがうつくしいかいがんにつく。

⑤ えい画のはじまりに間に合うように道をいそぐ。

◉パンフレットを読もう

5 パンフレットは、どのように読むことが大切ですか。次から二つ選んで、○を付けましょう。 10点（一つ5）

ア（　）知りたいことに合わせて、どこを読めばいいかを考える。

イ（　）小さな文字で書かれているところに注目して読む。

ウ（　）写真のとり方や絵の色づかいなどを味わいながら読む。

エ（　）見出し語や絵などから、自分に必要なところを見つけて読む。

オ（　）初めのページから順番に読み、とちゅうを読み飛ばさない。

◉どう直したらいいかな

6 書いた文章を見直すとき、どのようなことに気をつけますか。次の（　）に当てはまる言葉を後の［　］から選んで、記号を書きましょう。 12点（一つ3）

① 長い文章は、内容のまとまりごとに（　）を分ける。

② 文章の（　）に合った内容になっているか考える。

③ 言葉の使い方や文字のまちがいがないか、（　）にとって分かりにくい言葉はないか、たしかめる。

④ 文の終わりは、「です・ます」か「（　）」のどちらかにそろえる。

ア 相手　イ 目的　ウ 段落　エ だ・である

ヒント ⑤ウ パンフレットの写真や絵は、説明を分かりやすくするためのものだね。

まとめのドリル 22

あなたなら、どう言う
いろいろな意味をもつ言葉
漢字の広場③

時間 20分
合かく80点 ／100
サクッとこたえあわせ
答え 89ページ
月　日

◉いろいろな意味をもつ言葉

1 次の□に合う漢字を書きましょう。 15点（一つ3）

① □□□（たんこうぼん）
② □□（しゅっけつ）をとる。
③ □□（けっか）
④ □□□（そつぎょうしき）
⑤ 円の□□（ちょっけい）。

2 上の①～⑤の言葉と関係のある言葉を下のア～オから選んで、――線で結びましょう。 15点（一つ3）

① 「いただきます」・　　・ア　ぼうしをとる
② たん生日がきて・　　・イ　年をとる
③ 美しい風景の・　　・ウ　食事をとる
④ 「はじめまして」・　　・エ　写真をとる
⑤ オーケストラの・　　・オ　しきをとる

3 下の□には、それぞれ同じ言葉が入ります。上の□に、その言葉を平がなで書きましょう。 15点（一つ3）

① □ …うわさが□　時間が□　役に□
② □ …音楽を□　薬が□　気が□
③ □ …気温が□　発表会で□　二階へ□
④ □ …絵を□　味を□　病人を□
⑤ □ …家に□　もちを□　目に□

うらのページにつづくよ！

◉漢字の広場③

4 ——線の言葉を漢字を使って書きましょう。 36点（一つ3）

① おさけの入ったはこをあける。

② たすけた犬とこうふくにくらす。

③ さらをおとして、かなしい気持ちになる。

④ 電車にのり、目的地にむかう。

⑤ 物語のおわりで、わるい人はいなくなる。

◉あなたなら、どう言う

5 相手に何かを伝えるときについて、次の問題に答えましょう。

(1) 相手に何かを伝えるとき、どのように考えることが大切ですか。次から一つ選んで、○を付けましょう。 7点

ア（　）自分とはちがう立場に立って考える。

イ（　）自分の言いたいことについてだけ考える。

ウ（　）相手が言い返してきたときのことを考える。

(2) よりよい言い方を見つけるためには、どうするとよいですか。次の（　）に当てはまる言葉を後の□から選んで、書き入れましょう。 12点（一つ3）

・相手の言葉や（①　　）には、どのような（②　　）があるのかを考える。

・（③　　）がのぞんでいることや、相手の（④　　）をそうぞうして、言い方を考える。

自分　相手　理由　行動　受け止め方

ヒント **5**(2) たがいになっとくするためには、どんな立場に立って考えればいいかな。

きほんのドリル 23。

ごんぎつね (1)

時間 15分　合かく80点　／100

答え 89ページ

サクッとこたえあわせ

月　日

1 次の――線の漢字の読みがなを書きましょう。　24点(一つ2)

① 色の変化。（　　）
② 折る（　　）
③ 小川（　　）
④ 菜種（　　）
⑤ 松たけ（　　）
⑥ 積む（　　）
⑦ 差す（　　）
⑧ ふり続く（　　）
⑨ 念仏（ぶつ）（　　）
⑩ 固める（　　）
⑪ 不思議（　　）
⑫ 結末（　　）

2 次の――線の言葉の意味を選んで、○を付けましょう。　12点(一つ4)

① 小川のつつみを歩く。
ア（　）川の流れの下の方。
イ（　）川の水があふれないように高くしたところ。
ウ（　）川の水のあさいところ。

② 祖父（そふ）のいはいをささげる。
ア（　）なくなった人の着ていたもの。
イ（　）なくなった人のすきだった食べ物。
ウ（　）なくなった人の名前を書いた木のふだ。

③ なやにくわをしまう。
ア（　）家のげんかんにある物入れ。
イ（　）農具などを入れておく物置小屋。
ウ（　）人がねたり食事をしたりする部屋。

3 次の（　）に当てはまる言葉を下の［　］から選んで、記号を書きましょう。　15点(一つ3)

① 水かさが（　　）ましている。
② くりを（　　）拾う。
③ （　　）遊びに出かける。
④ つかれて（　　）たおれこむ。
⑤ 雨が上がり、空が（　　）晴れる。

ア ばたりと
イ どっと
ウ ぶらぶら
エ どっさり
オ からっと

うらのページにつづくよ！

教科書 ㊦13～35ページ

4 次の文章を読んで、問題に答えましょう。

教 下 14ページ2行～15ページ1行

　これは、わたしが小さいときに、村の茂平(もへい)というおじいさんから聞いたお話です。

　昔は、わたしたちの村の近くの中(なか)山(やま)という所に、小さなお城があって、中山様という　おとの様がおられたそうです。

　その中山から少しはなれた山の中に、「ごんぎつね」というきつねがいました。ごんは、ひとりぼっちの小ぎつねで、しだのいっぱいしげった森の中に、あなをほって住んでいました。そして、夜でも昼でも、あたりの村へ出てきて、いたずらばかりしました。畑へ入っていもをほりちらしたり、菜種がらのほしてあるのへ火を付けたり、百姓(しょう)家のうら手につるしてあるとんがらし(とうがらし)をむしり取っていったり、いろんなことをしました。

〈新美(にいみ)　南吉(なんきち)「ごんぎつね」より〉

(1)「わたし」とは、だれですか。次から一つ選んで、〇をつけましょう。　8点

ア(　　)茂平

イ(　　)ごんぎつね

ウ(　　)語り手

(2)「ごんぎつね」は、どんなきつねですか。文章中から十一字の言葉をぬき出しましょう。　10点

(3) ごんぎつねは、どこに住んでいましたか。　10点

(4)「いたずらばかりしました」とありますが、ごんぎつねがしたいたずらを、三つ書きましょう。　21点(一つ7)

ヒント　4(4)　直後の「～たり、～たり」の文をよく読もう。

きほんのドリル 24

ごんぎつね 漢字を正しく使おう (2)

時間 15分　合かく80点　/100　答え 89ページ

月　日

◉漢字を正しく使おう

1 次の——線の漢字の読みがなを書きましょう。　24点(一つ3)

① 倉庫（　　）
② 明後日（　　）
③ 名札（　　）
④ 戸外（　　）で遊ぶ。
⑤ 成功（　　）
⑥ 九月の半（　　）ば。
⑦ 参加（　　）
⑧ 本を借（　　）りる。

◉ごんぎつね

2 次の——線の言葉の意味を後の□から選んで、記号を書きましょう。　8点(一つ4)

① 手元のメモに目を落とす。（　　）
② 黄色いかんばんが目につく。（　　）

ア 目立って見える　イ くっつく　ウ 目を下に向ける
エ なくす

◉漢字を正しく使おう

3 次の——線の漢字として正しいほうを下から選んで、○を付けましょう。　10点(一つ2)

① いつも朝十時には店をあける。（　）開ける（　）空ける
② 電車が時間どおりに駅につく。（　）付く（　）着く
③ 物語のいがいな結末におどろいた。（　）以外（　）意外
④ 海外で学ぶきかいはめったにない。（　）機械（　）機会
⑤ 一位になってじしんがついた。（　）自身（　）自信

4 次の——線の言葉を、送りがなに気をつけて、漢字で書きましょう。　8点(一つ2)

① 予定がはやまる。（　　）
② 音がきこえる。（　　）
③ 英語をおそわる。（　　）
④ 部屋にはいる。（　　）

➡うらのページにつづくよ！

5 次の文章を読んで、問題に答えましょう。

教下 21ページ5行～22ページ9行

やがて、白い着物を着たそうれつの者たちがやって来るのが、ちらちら見え始めました。話し声も近くなりました。そうれつは、墓地へ入ってきました。人々が通ったあとには、ひがん花がふみ折られていました。

ごんは、のび上がって見ました。兵十（ひょうじゅう）が、白いかみしもを着けて、いはいをささげています。いつもは、赤いさつまいもみたいな元気のいい顔が、今日はなんだかしおれていました。

「ははん、死んだのは、兵十のおっかあだ。」ごんは、そう思いながら頭を引っこめました。

そのばん、ごんは、あなの中で考えました。「兵十のおっかあは、とこについていて、うなぎが食べたいと言ったにちがいない。それで、兵十が、はりきりあみを持ち出したんだ。ところが、わしがいたずらをして、うなぎを取ってきてしまった。だから、兵十は、おっかあにうなぎを食べさせることができなかった。そのまま、おっかあは、死んじゃったにちがいない。ああ、うなぎが食べたい、うなぎが食べたいと思いながら死んだんだろう。ちょっ、あんないたずらをしなけりゃよかった。」

〈新美（にいみ）南吉（なんきち）「ごんぎつね」より〉

(1) 季節が分かる一文を、初めの段（だん）落から見つけて、〰〰線を付けましょう。 9点

(2) ごんが「ははん、死んだのは、兵十のおっかあだ。」と思ったのは、兵十のどんな様子からですか。二つ書きましょう。 16点（一つ8）

（　　　　）

（　　　　）

(3) 「とこについていて」とは、ここではどういう意味ですか。 9点

（　　　　）

(4) 「ちょっ、あんないたずらをしなけりゃよかった。」について、答えましょう。 16点（一つ8）

① ごんは、どんなことをしたのですか。

（　　　　）

② ごんの気持ちに当てはまるものに、○をつけましょう。

ア（　）不安な気持ち。
イ（　）くやむ気持ち。
ウ（　）いかりの気持ち。

ヒント 5(4)② 「しなけりゃよかった」と言っていることから考えよう。

きほんのドリル 25

季節の言葉3　秋の楽しみ
クラスみんなで決めるには

時間 15分　合かく80点　／100　答え 90ページ　月　日

◉クラスみんなで決めるには

1 次の――線の漢字の読みがなを書きましょう。　16点（一つ4）

①（　　）挙げる　②（　　）協力　③（　　）積極的　④（　　）求める

◉季節の言葉3　秋の楽しみ

2 次の説明に合う言葉を後の［　］から選んで、書き入れましょう。　30点（一つ6）

① 月をながめて楽しむこと。（　　）

② 子どもの成長を祝う行事。（　　）

③ 秋にさく代表的な七つの草花。（　　）

④ 野山に出かけて、紅葉（こうよう）を見て楽しむこと。（　　）

⑤ 秋の山が紅葉して、いろどられているさま。（　　）

［もみじがり　お月見　山よそおう　七五三　秋の七草］

3 次の短歌を平がなに直して、五つの部分に分けて書きましょう。　全部できて8点

ちはやぶる神代（かみよ）も聞かず竜田川（たつたがわ）から紅（くれない）に水くくるとは　（在原業平（ありわらのなりひら））

第一句（　　）　第二句（　　）　第三句（　　）

第四句（　　）　第五句（　　）

4 話し合いのしかたについて、問題に答えましょう。

(1) 案を出すときの発言のしかたとしてよいものを次から一つ選んで、○を付けましょう。 10点

ア（　　）指名されなくても、積極的に意見を言う。

イ（　　）案だけでなく、理由も合わせて言う。

ウ（　　）前の人の提案（ていあん）については、ふれないようにする。

(2) 話し合いの中で、意見が出ないときにする工夫として**よくないもの**を次から一つ選んで、○をつけましょう。 9点

ア（　　）少人数で相談する。

イ（　　）時間を取って、それぞれの考えをノートに書いてみる。

ウ（　　）提案者が、自分の意見にさんせいするように言う。

エ（　　）司会が、まだ発言していない人に声をかけてみる。

(3) 出た意見の決め方を考えるには、どのようなことに気をつけるとよいですか。次の（　）に当てはまる言葉を後の［　］から選んで、記号を書きましょう。 21点（一つ3）

① 司会は、とちゅうで、これまでに出た（　　　）をまとめたり、今話し合っている（　　　）をもう一度たしかめたりする。また、それについて、分からないことがないか（　　　）。

② 参加者は、「さんせい」「（　　　）」という立場をはっきりさせる。たがいに（　　　）し合いながら、意見の（　　　）や、目的に合っているかどうかをはっきりさせる。

③ 記録係は、それまでに出た意見を（　　　）にして整理する。

ア　議題	イ　しつもん	ウ　意見	エ　たしかめる
オ　反対	カ　ちがい	キ　表	

(4) 話し合いをまとめるときにすることとしてよいものを次から一つ選んで、○をつけましょう。 6点

ア（　　）決まったことをたしかめる。

イ（　　）もう一度よく考えるために、別の意見を出す。

ウ（　　）出された意見を全部、くわしく説明する。

ヒント 4(4)「まとめるとき」とあるので、話し合いの最後（さいご）にすることだね。

まとめのドリル 26

ごんぎつね 漢字を正しく使おう

時間 20分　合かく80点　／100

答え 90ページ

月　日

◉ごんぎつね／漢字を正しく使おう

1 次の□に合う漢字を書きましょう。　12点(一つ2)

① □□(ぼくじょう)

② □(まご)の手

③ □□□(はくぶつかん)

④ □□□(ふしぎ)

⑤ □(あさ)い川。

⑥ □(びん)せんに書く。

◉ごんぎつね

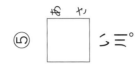

2 次の文章を読んで、問題に答えましょう。　36点(一つ12)

教 下 23ページ7行～24ページ3行

いわし売りは、いわしのかごを積んだ車を道ばたに置いて、ぴかぴか光るいわしを両手でつかんで、弥助(やすけ)のうちの中へ持って入りました。ごんは、そのすき間に、かごの中から五、六ぴきのいわしをつかみ出して、もと来た方へかけだしました。そして、兵十(ひょうじゅう)のうちのうら口から、うちの中へいわしを投げこんで、あなへ向かってかけもどりました。とちゅうの坂の上でふり返ってみますと、兵十がまだ、井戸のところで麦をといでいるのが小さく見えました。

ごんは、うなぎのつぐないに、まず一つ、いいことをしたと思いました。

〈新美(にいみ) 南吉(なんきち)「ごんぎつね」より〉

(1) 「そのすき間」とは、だれが、どうしている間のことですか。

（　　　　　　　　）

(2) 「いいこと」とは、どんなことですか。

（　　　　　　　　）

(3) ごんが「いいこと」だと思ったのは、なぜですか。次から一つ選んで、○を付けましょう。

ア（　）うなぎのつぐないになると思ったから。

イ（　）兵十がよろこんだから。

ウ（　）いわし売りをこらしめることになるから。

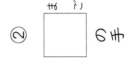

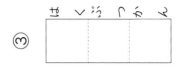

3 次の文章を読んで、問題に答えましょう。

52点(一つ13)

教下 29ページ9行〜30ページ14行

　その明くる日も、ごんは、くりを持って、兵十(ひょうじゅう)のうちへ出かけました。兵十は、物置で縄をなっていました。それで、ごんは、うちのうら口から、こっそり中へ入りました。

　そのとき兵十は、ふと顔を上げました。と、きつねがうちの中へ入ったではありませんか。こないだ、うなぎをぬすみやがったあのごんぎつねめが、またいたずらをしに来たな。

「ようし。」

　兵十は立ち上がって、なやにかけてある火縄じゅうを取って、火薬をつめました。そして、足音をしのばせて近よって、今、戸口を出ようとするごんを、ドンとうちました。

　ごんは、ばたりとたおれました。

　兵十はかけよってきました。うちの中を見ると、土間にくりが固めて置いてあるのが、目につきました。

「おや。」

と、兵十はびっくりして、ごんに目を落としました。

「ごん、おまい(おまえ)だったのか、いつも、くりをくれたのは。」

　ごんは、ぐったりと目をつぶったまま、うなずきました。

　兵十は、火縄じゅうをばたりと取り落としました。青いけむりが、まだつつ口から細く出ていました。

〈新美南吉(にいみなんきち)「ごんぎつね」より〉

(1) ごんをよく思っていない兵十の気持ちが分かる一文を見つけて、初めの四字をぬき出しましょう。

(2) 兵十が「おや。」とびっくりしたのは、なぜですか。

(　　　　　　　　　　)

(3) 「ぐったりと目をつぶったまま、うなずきました」とありますが、このときのごんの気持ちに当てはまるものを次から一つ選んで、○を付けましょう。

ア（　）うなぎをぬすんだつぐないの気持ちは、兵十に分かってもらえないのか。

イ（　）うなぎをぬすんだつぐないの気持ちを、やっと兵十に分かってもらえた。

ウ（　）うなぎをぬすんだことくらいで自分をうつなんて、兵十はひどいやつだ。

(4) 「兵十は、火縄じゅうをばたりと取り落としました。」とありますが、このときの兵十の気持ちを、考えて書きましょう。

(　　　　　　　　　　)

ヒント 3(2) 兵十は、何を見つけて「おや。」と言ったのかな。

きほんのドリル 27。

未来につなぐ工芸品
工芸品のみりょくを伝えよう

時間 15分　合かく80点　/100

答え 90ページ

月　日

◉未来につなぐ工芸品

1 次の——線の漢字の読みがなを書きましょう。 15点（一つ3）

①各地（　　）　②工芸品（　　）　③材料（　　）

④未来（　　）　⑤自然（　　）

2 上の①〜④と関係の深い工芸品を下のア〜エから選んで、——線で結びましょう。 16点（一つ4）

① 書家 ・　　・ア せんす

② 落語家 ・　　・イ 茶わん

③ 茶（さ）道 ・　　・ウ ちょうちん

④ 祭り ・　　・エ 墨（すみ）

◉工芸品のみりょくを伝えよう

3 工芸品のみりょくを伝える文章を書くときに注意することをまとめます。次の（　）に当てはまる言葉を後の［　］から選んで、記号を書きましょう。 18点（一つ3）

① 書くことを決める

・しょうかいしたい工芸品について調べ、分かったことを（　　）に書き出したり、（　　）に表して整理したりする。

② 文章の（　　）を考える

・「初め」「中」「終わり」のまとまりをもとにして考える。

③ 書き方を工夫する

・どんなところを（　　）と感じたのかをはっきりさせ、（　　）を挙げながらくわしく書く。

・読む人がそうぞうしにくいものは、（　　）や絵を使って説明する。

ア 具体例	イ ふせん	ウ 写真	エ 図
オ 組み立て	カ みりょく		

うらのページにつづくよ！

4 次の文章を読んで、問題に答えましょう。

教 下 48ページ1行～49ページ6行

「工芸品」と聞いて、どのような物を思いうかべるでしょうか。みなさんが毎日のくらしで使っている皿やはし、つくえやいす、かばんや紙などの中で、職人の手仕事で一つ一つ作られているものが、「工芸品」とよばれています。日本各地で、その土地の気候やしげんをいかした伝統的な工芸品が作られ、全国のお店で売られています。

職人は、使う人のことを大切に思い、ていねいに工芸品を作っています。わたしは、そんな職人と、職人たちが生み出す工芸品が大すきで、工芸品のよさを伝える仕事をしています。日本人の生活の変化などから、昔にくらべて工芸品を使う人がへり、職人の数も少なくなっていますが、わたしは、工芸品を未来の日本にのこしていきたいと考えています。それには、二つの理由があります。

〈大牧圭吾「未来につなぐ工芸品」より〉

(1) 「工芸品」とよばれるのは、どのようなものですか。 8点(一つ4)

（　　　　）で使われる品物のうち、（　　　　）で一つ一つ作られているもの。

(2) 「伝統的」の意味に、○を付けましょう。 8点

ア（　）古めかしい決まりがある。
イ（　）そぼくな味わいがある。
ウ（　）長く受けつがれている。

(3) 筆者はどんな仕事をしていますか。 10点

（　　　　）

(4) 工芸品について、昔にくらべて変わってきたことを、二つ書きましょう。 16点(一つ8)

（　　　　）
（　　　　）

(5) 「それ」は何を指していますか。次から一つ選んで、○を付けましょう。 9点

ア（　）職人たちが生み出す工芸品が大すきであること。
イ（　）工芸品を未来の日本にのこしたいと考えていること。
ウ（　）日本各地でさまざまな工芸品が作られていること。

ヒント 4(5) 「それ」は、この文章で筆者がいちばん伝えたいことを指しているよ。

きほんのドリル 28

慣用句（かんようく） 漢字の広場④

時間10分　合かく80点　／100

答え 90ページ

月　日

◉慣用句

1 次の――線の漢字の読みがなを書きましょう。　20点（一つ5）

① 焼く（　　）　② 冷やす（　　）　③ 労をねぎらう。（　　）

④ 二人の仲。（　　）

2 次の――線の慣用句の意味を後の［　］から選んで、記号を書きましょう。　20点（一つ4）

① かわいい服を着て心がおどる。（　）
② ぼくは小川君とは馬が合う。（　）
③ あの親子はうり二つだ。（　）
④ 長年の努力が実を結ぶ。（　）
⑤ 良い案を出そうと頭をひねる。（　）

ア あれこれ考える。　イ うれしくてわくわくする。
ウ 気が合う。　エ とてもよくにている。
オ よい結果を生む。

◉漢字の広場④

3 ――線の言葉を漢字を使って書きましょう。　60点（一つ5）

① せかいのどうわやしんわの本を借りて読む。
② こうていで、よこ一列にならび、ふえの合図で走り出す。
③ 先生にしめいされ、きりつしてめんせきの問題に答えた。
④ 外のあそびではなぢが出たので、先生にそうだんした。

きほんのドリル 29。

短歌・俳句に親しもう(二)

時間 10分
合かく80点
/100
答え 91ページ
サクッとこたえあわせ
月 日

●短歌→五・七・五・七・七の三十一音からできている短い詩。

▼次の短歌は、三行に分けて書かれていて、「三行書き」とよばれています。

晴れし空仰げばいつも（五音／七音）
口笛を吹きたくなりて（五音／七音）
吹きてあそびき（七音）　（石川 啄木）

▼次の短歌は、「の」のくり返しがリズムを生んでいます。

ゆく秋の（五音）大和の国の（七音）薬師寺の（五音）塔の上なる（七音）一ひらの雲（七音）　（佐佐木 信綱）

1 次の短歌を平がなに直して、五つの部分に分けて書きましょう。　80点（一つ16）

金色のちひ（い）さき鳥のかたちして銀杏ちるなり夕日の岡に　（与謝野 晶子）

第一句（　　）第二句（　　）第三句（　　）

第四句（　　）第五句（　　）

●俳句→五・七・五の十七音からできている、季節感のある短い詩。

秋空に（五音）つぶてのごとき（七音）一羽かな（五音）　（杉田 久女）

▼声に出して読むときは、切る場所に気をつけましょう。

桐一葉（五音）／日当たりながら（七音）落ちにけり（五音）　（高浜 虚子）

2 次の俳句を声に出して読むとき、どこで間を置くとよいですか。／を付けましょう。　20点

柿くへ（え）ば鐘が鳴るなり法隆寺　（正岡 子規）

教科書 下2〜3ページ

まとめのドリル30

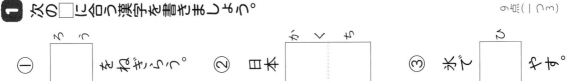

未来につなぐ工芸品
慣用句
漢字の広場④

時間 20分　合かく80点　／100

答え 91ページ

月　日

◉未来につなぐ工芸品／慣用句

1 次の□に合う漢字を書きましょう。　9点（一つ3）

① □(ろう)をねぎらう。　② 日本□□(かくち)　③ 氷で□(ひ)やす。

◉慣用句

2 次の（　）に当てはまる慣用句を後の□から選んで、記号を書きましょう。　20点（一つ4）

① 会社をたて直すため、赤字の部門には（　）べきだ。
② 友達二人がけんかをしたので、ぼくが（　）ことになった。
③ 理由をたずねても、こちらの言うことを（　）にするばかりだ。
④ たいへんな目にあったが、終わったことは（　）と決めている。
⑤ ぼくのおばは、近所の子どもたちの（　）ことが多い。

ア 水に流す　イ 仲を取り持つ　ウ メスを入れる
エ 世話を焼く　オ おうむ返し

◉漢字の広場④

3 ——線の言葉を漢字を使って書きましょう。　22点（一つ2）

① かるい気持ちで学級いいんになったが、せきにんはおもい。
② しょうわの時代とくらべると、図書かんの広さは二ばいになった。
③ かかりの人にきょうりゅうのはの化石を見せてもらった。
④ むかしのあそびをたいけんして、かんそうを発表する。

うらのページにつづくよ！

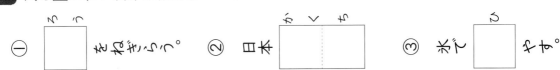

4 次の文章を読んで、問題に答えましょう。

教 下 50ページ9行～52ページ5行

　二つ目の理由は、かんきょうを未来につないでくれることです。工芸品には、材料や作り方の面で、かんきょうへの負荷が少ないというとくちょうがあります。また、長く使えるように作られているので、ごみをへらすことにもなります。岩手県の「南部鉄器」を例に見てみましょう。

　ある工房では、火山岩のすなとねん土をまぜて型を作り、そこに木炭の火でとかした鉄を流しこんで(写真①)、鉄びんやふうりんなどを作ります。さびをふせぐために木炭で熱し(写真②)、仕上げにうるしをぬって色をつけるのですが、そのときに使うはけ(写真③)も、「クゴ」という植物でできています。南部鉄器は、鉄、木炭、すな、ねん土、うるし、クゴなど、自然にある素材で、電気や化学薬品を使わなくても作ることができるのです。さびにくく、じょうぶなので、五十年、百年と使い続けることができます。材料や作り方、そして長く使えるという点で、かんきょうにやさしいといえます。

〈大牧圭吾「未来につなぐ工芸品」より〉

(1) 具体例を挙げて説明しているのは、どこからですか。初めの四字をぬき出しましょう。 10点

□□□□

(2) 「南部鉄器」について答えましょう。 18点(一つ6)

① 材料は何ですか。

(　　　　)

② 作り方として当てはまらないものに、○を付けましょう。

ア(　)自然にある素材で作る。

イ(　)化学薬品を使って作る。

ウ(　)電気を使わないで作る。

③ 長く使えるのはなぜですか。

(　　　　)

(3) 「写真①」には何が写っているとよいですか。次から一つ選んで、○を付けましょう。 10点

ア(　)すなやねん土をまぜて型を作る様子。

イ(　)とかした鉄を型に流しこむ様子。

ウ(　)南部鉄器の鉄びんやふうりん。

(4) 「かんきょうにやさしい」と同じ意味の言葉を文章中から見つけて、～～線を付けましょう。 11点

ヒント 4(3) 三つの写真は、南部鉄器の作り方を伝えるためのものだね。

きほんのドリル 31。

友情（じょう）のかべ新聞

時間 15分　合かく80点　／100

答え 91ページ　サクッとこたえあわせ

月　日

1 次の——線の漢字の読みがなを書きましょう。　24点（一つ3）

① 好き（　）　② 放課後（　）　③ 無理（　）　④ 反省（　）

⑤ 正直（　）　⑥ 改めて読む。（　）　⑦ 一周（　）　⑧ 最高（　）

2 次の——線の言葉の意味を選んで、○を付けましょう。　12点（一つ4）

① きんちょうして、顔がこわばる。
ア（　）相手をおそれさせる。
イ（　）かたくつっぱっている。

② 先生に説教されて、二人ともうなだれる。
ア（　）元気のない様子でうつむく。
イ（　）不満そうな声でぶつぶつ文句を言う。

③ 本の題名をたずねてみたが、みんな首をひねる。
ア（　）よそを向いて話を聞こうとしない。
イ（　）分からないというしぐさをする。

3 次の文に表れている気持ちに当てはまる言葉を後の□から選んで、記号を書きましょう。　15点（一つ3）

① 同じクラスのあの子には負けたくない。（　）
② 作戦どおりに実行したら、うまくいった。（　）
③ せっかくの休みなのに、どこにも行けない。（　）
④ 自分がお皿をわったのに、知らないふりをした。（　）
⑤ がんばって練習してきたのに、結果が出ない。（　）

ア とくい顔　イ 後ろめたさ　ウ たいくつ
エ ため息　オ たいこう心

うらのページにつづくよ！

教科書 下65～83ページ

4 次の文章を読んで、問題に答えましょう。

教 下 68ページ1行～69ページ9行

今日、月曜日。東君と西君は、中井先生にしかられている。学芸会のじゅんびで言い争ったあげく、そのはずみで花びんをわってしまったからだ。先週も、犬とねこのどっちがいいかで大さわぎしたばかりなので、いつも以上にしかられている。

われた花びんを前に、顔をこわばらせて立っている二人。

「西君が当たって、花びんが落ちたんです。」

「それは、東君がおしたからです。」

二人の言い分に、

「東君も西君も、相手のせいにばかりして、少しも反省していないな。」

と、きびしい顔をする先生。そして、ため息をついた。

「君たちは、本当に仲が悪いな。」

先生は、とても悲しそうだ。しばらく考えてから、指を一本のばした。

「放課後、東君と西君とで協力して、かべ新聞を作りなさい。これは、君たちが仲よくなるために、先生が考えた作戦だ。」

「ええっ。」

不満げな声を上げる二人。そして、同時に言った。

「協力なんて、無理です。」

おどろく先生。

「こういうときは、気が合うんだね。」

〈はやみね かおる「友情のかべ新聞」より〉

(1) 東君と西君がしかられている理由が分かる一文に～～線を付けましょう。 10点

(2) 「二人の言い分」を聞いた後、先生の気持ちはどう変わりましたか。次の（　）に順番に数字を書きましょう。 完答9点

（　）二人になんとか仲よくなってほしい。

（　）二人の仲が悪いままなのは悲しい。

（　）二人には自分がしたことを反省してもらいたい。

(3) 「指を一本のばした」ときの先生の気持ちに当てはまるものに○を付けましょう。 10点

ア（　）今日はゆるさないぞ。

イ（　）いいことを思いついた。

ウ（　）みんなにはないしょだ。

(4) 「先生が考えた作戦」とは、どんなことですか。 10点

（　　　　　　　　　　）

(5) 「おどろく先生。」とありますが、なぜおどろいたのですか。 完答10点

二人はふだん（　　　　）のに、このときは（　　　　）に同じことを言ったから。

ヒント ❹(2) 先生は「きびしい顔」をして、「ため息」をついてから、「とても悲しそう」にしていたよ。

きほんのドリル 32.

もしものときにそなえよう　季節の言葉4　冬の楽しみ

時間 15分　合かく80点　/100

答え 92ページ　サクッとこたえあわせ

月　日

◉もしものときにそなえよう／季節の言葉4　冬の楽しみ

1 次の――線の漢字の読みがなを書きましょう。　12点（一つ4）

①　災（さい）害（　）　②　豪（ごう）雨（　）　③　元（　）旦（たん）

◉季節の言葉4　冬の楽しみ

2 次の説明に合う言葉を後の［　］から選んで、書き入れましょう。　20点（一つ4）

① 家の中のほこりをはらって、そうじをすること。（　）

② 一年の最後の日。十二月三十一日。（　）

③ 立春の前日。豆まきを行う日。（　）

④ 一年で最も日が出ている時間が短い日。（　）

⑤ 新年。お正月のこと。（　）

［冬至（じ）　節分　新春　すすはらい　大みそか］

3 春の七草の名前は、五・七・五・七のリズムに乗せるとおぼえやすいです。次の（　）に当てはまる名前を後の［　］から選んで、書き入れましょう。　20点（一つ5）

五音（①　　）・なずな　　七音 ごぎょう・（②　　）

五音（③　　）　　七音（④　　）・すずしろ

［すずな　はこべら　ほとけのざ　せり］

うらのページにつづくよ！

教科書 下84～91ページ

4 次の文章を読んで、問題に答えましょう。

教 下 87ページ下段1行～16行

1 じしんへのそなえで大切なことは、自分や家族にとって必要な物を用意することだと考える。

2 例えば、ぼくの妹は、生後八か月だ。当然、ぼくたちとは必要な物がちがう。「災害にそなえよう」という本の「赤ちゃんに必要な物リスト」を見ると、飲みなれている種類のミルクやほにゅうびん、紙おむつなどを用意しておくとよいことが分かった。

3 ぼくの家には犬もいる。市の資料によると、東中学校が、けがをした動物のちりょうもするひなん所になるようだ。同じ資料には、「ふだんからほえないようにしつけ、キャリーバッグや食事を用意しておく」とあった。

4 このように、必要なそなえは、人によってちがう。みなさんも、自分や家族には何が必要かを考え、そなえを見直してはどうだろう。

〈「もしものときにそなえよう」より〉

(1) 自分の考えが書いてある段落全てに○を付けましょう。 完答10点

1（　） 2（　） 3（　） 4（　）

(2) 自分の考えが読む人に伝わるように、どのような工夫をして書いていますか。次から二つ選んで○を付けましょう。 12点（一つ6）

ア（　）理由を挙げて説明している。

イ（　）身近な例を挙げて説明している。

ウ（　）調べて分かったことを引用している。

エ（　）人から聞いた話を引用している。

(3) 「同じ資料には、……とあった。」の一文を、かぎかっこを使わないで書き直しましょう。 16点（一つ8）

同じ資料には、ふだんからほえないように（　　）ことや、キャリーバッグや食事を用意しておくことが（　　）だと書いてあった。

(4) 「みなさんも、……どうだろう。」は、読む人によびかける文です。このような書き方にしたのはなぜだと思いますか。考えて書きましょう。 10点

（　　）

ヒント 4(4) 読んだ人は、こんなふうによびかけられると、どんな気持ちになるかな。

まとめのドリル 33

友情のかべ新聞

時間 20分　合かく80点　／100

答え 92ページ

月　日

1 次の□に合う漢字を書きましょう。　20点（一つ4）

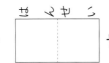

① □□（はんせい）する　② □□（みぎがわ）を歩く。　③ □□（しょうじき）者

④ □（あらた）めて読む。　⑤ □□□（せいはんたい）

2 次の文章を読んで、問題に答えましょう。

教 下 74ページ4行～74ページ13行

土曜日、日曜日と、雨の日が続いた。そして今日、月曜日も雨。昼休み、外で遊べないぼくたちは、どうしても室内でさわいでしまう。

そんな中、ぼくは思い切って、教室のすみで、二人に分かったことを伝えた。

すると二人は、うなだれて、それでもどこかほっとした顔で言った。

「金曜日に相談して、あやまりに行こうって決めたんだ。それで、今から職員室に行くところなんだ。」

そうか、よかった。

そのとき、教室の後ろの方で、だれかが「たいくつだなあ。」と、大きくうでを広げて、のびをした。その手が、近くにいた女の子をおした。女の子はふらつき、かべ新聞に手をつく。

〈はやみね かおる「友情のかべ新聞」より〉

(1) 「どこかほっとした顔」になったのは、なぜですか。次から一つ選んで、○を付けましょう。　10点

ア（　）「ぼく」が自分たちの味方になってくれそうだから。

イ（　）もうみんなにかくさなくてもよいと思ったから。

ウ（　）まだ先生には知られていないと分かったから。

(2) 「そうか、よかった。」は、だれが思ったことですか。　10点

（　　　　）

(3) 「たいくつだなあ。」と感じているのは、なぜだと思いますか。　10点

（　　　　）

教科書 下 65～83ページ

うらのページにつづくよ！

3 次の文章を読んで、問題に答えましょう。

教(下)76ページ7行～77ページ10行

　どっちが悪いか言い争っているとき、見回りの先生の足音が聞こえたりしたら――。

　二人は、とっさにかべ新聞でよごれをかくしてしまった。あせっていたから、ほんの少しだけ、新聞のはしからインクが見えてしまっていることに気づかなかった。

　そして、よごれをかくした二人には、新しく心配なことができた。

　相手が、先生に言ってしまうのではないかと思ったのだ。それも、「自分は悪くありません。全部、相手が悪いんです。」というように。

　だから、おたがいから目をはなせなくなり、いつもいっしょにいるようになった。

　その間、二人は油性（ゆせい）ペンをさわりたくなかった。また、後ろめたさでしょくよくがなくなり、プリンを取り合わなかった。

　その後――。

　いっしょにいるうちに、相手がどんなやつか分かってきた。不思議なことに、二人でいるのが楽しくなってきた。無理に仲よくなろうとしたんじゃない。相手のことを知るうちに、「なんだ、そんなにいやなやつじゃないじゃないか。」そう思えてきたのだ。

　そして、それで十分だった。

〈はやみね かおる「友情（ゆうじょう）のかべ新聞」より〉

(1) 「よごれ」とありますが、何が付いてよごれたのですか。　10点

（　　　　　）

(2) 「よごれをかくした二人」はどんな気持ちになりましたか。次の（　）に当てはまる言葉を、文章中からぬき出しましょう。　20点（一つ10）

よごれをかくしたことに対して（　　　　）を感じる一方で、相手が先生に言うのではないかと（　　　　）になった。

(3) 二人が「いつもいっしょにいるようになった」理由を次から一つ選んで、○を付けましょう。　10点

ア（　）相手のことが好きになってきたから。

イ（　）相手の行動を見はっていたいから。

ウ（　）先生にしかられるのがこわいから。

(4) 「それ」の指す内容（ようう）に○を付けましょう。　10点

ア（　）いっしょにいる時間が長くなったこと。

イ（　）プリンを取り合わなくなったこと。

ウ（　）相手がどんな人間なのか分かってきたこと。

ヒント 3(3) 段落（だん）のはじめに「だから」という、理由を表す言葉があるよ。その前の段落をよく読もう。

九月から十二月に習った漢字と言葉

時間 20分　合かく80点　／100

答え 93ページ

サクッとこたえあわせ

月　日

1 次の――線の漢字の読みがなを書きましょう。

20点(一つ1)

① 照らす（　　）
② 出欠（　　）
③ 街灯（　　）
④ 百姓（しょう）家（　　）
⑤ 参考書（　　）
⑥ 塩気（　　）
⑦ 米作（　　）
⑧ 木かげ（　　）
⑨ 博物館（　　）
⑩ 浅い（　　）
⑪ 卒業式（　　）
⑫ 直径（　　）
⑬ 読本（　　）
⑭ 副大臣（　　）
⑮ 孫（　　）
⑯ 反省する（　　）
⑰ 単行本（　　）
⑱ 右側（　　）
⑲ 漁業（　　）
⑳ 牧場で働く。（　　）

2 次の□に合う漢字を書きましょう。

30点(一つ2)

① □□（こんじき）の月。
② 犬が□（す）き。
③ □□□（せっきょくてき）
④ 本の□□（いんさつ）。
⑤ 水を□（さ）す。
⑥ 物語の□□（けつまつ）。
⑦ 土を□（かた）める。
⑧ 雨が□（つづ）く。
⑨ 本を□（か）りる。
⑩ □□（なたね）油
⑪ □□（こうげい）品
⑫ □□（しぜん）を守る。
⑬ 作戦が□□（せいこう）する。
⑭ □（まつ）たけ
⑮ 紙を□（お）る。

うらのページにつづくよ！

3 次の□に共通して入る言葉を、（　）に平がなで書きましょう。

20点（一つ5）

① 風が□。　試験に□。　バスが□。　（　　）

② 頭が□。　値段が□。　後ろへ□。　（　　）

③ 紙を□。　約束を□。　てきを□。　（　　）

④ 宿題を□。　耳を□。　簡単に□。　（　　）

4 次の「　」内が慣用句になるように、（　）に言葉を書き入れましょう。

30点（一つ3）

① 両者が「（　　）をちらして」戦う。

② 算数の問題を、「（　　）をひねって」考える。

③ わたしの兄と弟は、「（　　）二つ」だ。

④ 祖父の「（　　）のひと声」で、大そうじをすることになった。

⑤ 事故を起こし、社員一同「（　　）を正す」ことが必要だ。

⑥ 二人は「（　　）が合う」らしく、すぐに親しくなった。

⑦ 子どもたちは「（　　）の子をちらすように」にげた。

⑧ 「（　　）をつかむような」話で、あてにできない。

⑨ 悪い仲間から「（　　）をあらう」。

⑩ おじのことは「（　　）の便り」で聞いている。

きほんのドリル 35。

自分だけの詩集を作ろう
言葉から連想を広げて
熟語(じゅくご)の意味／漢字の広場⑤

時間 15分　合かく80点　／100

答え 93ページ

サクッとこたえあわせ

月　日

◉自分だけの詩集を作ろう／言葉から連想を広げて／熟語の意味

1 次の――線の漢字の読みがなを書きましょう。 24点(一つ3)

① 連想（　　）　② 消失（　　）　③ 高低（　　）　④ 老木（　　）

⑤ 願望（　　）　⑥ 着陸（　　）　⑦ 周辺（　　）　⑧ 共通点（　　）

◉熟語の意味

2 〈例〉にならい、訓を手がかりにして、次の熟語の意味を書きましょう。 6点(一つ3)

〈例〉流星（流れる星。）

① 多数（　　）　② 見学（　　）

3 熟語には、次のような組み合わせがあります。①〜④の組み合わせに当てはまる熟語をそれぞれ下の□から選んで、□に書きましょう。 16点(一つ2)

① にた意味をもつ漢字の組み合わせ

② 反対の意味をもつ漢字の組み合わせ

③ 上の漢字が、下の漢字を修飾(しゅうしょく)する関係にある組み合わせ

④ 「―を(に)」に当たる意味の漢字が下に来る組み合わせ

明暗　血管　消火　消失　帰国　最多　強弱　岩石

◉漢字の広場⑤

4 ――線の言葉を漢字を使って書きましょう。 12点(一つ3)

① ゆうぐに乗って手をふる子どもを、両親がしゃしんにとる。

② しんごうが黄色になったので、どうろをわたらずに待つ。

うらのページにつづくよ！

◉自分だけの詩集を作ろう

5 次の詩を読んで、問題に答えましょう。

教下92ページ

まんげつ　　　みずかみ　かずよ

でっかいつきだ
セメントこうばの　えんとつおしてて
のん　のん　のん　のん
ぼくのかたにのっかりそうだ

(1) 「えんとつおして」いるのは何ですか。 7点

(　　　　　　　　)

(2) 「えんとつおして」いる様子を、どのように表していますか。上の詩の部分に〰〰線をつけましょう。 8点

(3) 「えんとつおして」いるものは、どうなりそうだと作者は言っていますか。 7点

(　　　　　　　　)

作者が見ている月はどんな様子か、周りの風景とあわせて、頭の中にイメージしてみよう。

◉言葉から連想を広げて

6 言葉から連想を広げて、ひと言で詩を書くときの手順をまとめます。次の文中の（　）に当てはまる言葉を下の［　］から選んで、書き入れましょう。 20点（一つ4）

① さまざまに（　　　　）を広げる。

・色、形、大きさなど、（　　　　）を言葉にする。

・聞こえる音やにおい、味、さわった感じを表す。

・（　　　　）にたとえる。

・その物に（　　　　）考える。

② 書き出した言葉を組み合わせたり、（　　　　）を変えたりして、表現を整える。

順序　見たまま　なりきって　連想　べつの何か

ヒント
5(2) 様子を表す言葉に着目しよう。

まとめのドリル 36

自分だけの詩集を作ろう
熟語(じゅく)の意味
漢字の広場⑤

時間 20分　合かく80点　/100

サクッとこたえあわせ　答え 93ページ

月　日

◉自分だけの詩集を作ろう／熟語の意味

1 次の□に合う漢字を書きましょう。　18点(一つ3)

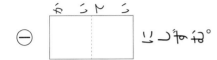

① □□(かいてい)にしずむ。
② □□(いふく)を着る。
③ 太い□□(けっかん)。
④ □□(しょうはい)が決まる。
⑤ □□(かいひょう)の結果。
⑥ □□□(きょうつうてん)

◉熟語の意味

2 次の熟語と漢字の組み合わせが同じものを後から選んで、記号を書きましょう。　12点(一つ3)

① 登山(　　)
ア 上下　イ 加入　ウ 寒冷　エ 挙手

② 願望(　　)
ア 中央　イ 売買　ウ 乗車　エ 最多

③ 明暗(　　)
ア 伝言　イ 車道　ウ 強弱　エ 周辺

④ 前進(　　)
ア 読書　イ 新米　ウ 前後　エ 帰国

3 漢字の組み合わせを手がかりにして、次の熟語の意味を書きましょう。　16点(一つ4)

① 岩石…(　　　　)
② 右折…(　　　　)
③ 白紙…(　　　　)
④ 登山…(　　　　)

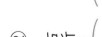

教科書 下92～98ページ

うらのページにつづくよ！

◉漢字の広場⑤

4 ——線の言葉を漢字を使って書きましょう。

40点（一つ4）

① 公園のびかのため、ボランティアの人達が、ごみをひろう。

② とてもさむい日なのに、小さな子どもがみじかいズボンで走り回っている。

③ おばあさんがようふくをたたんで、たんすの中にせいりしてしまっている。

④ じゅうしょを書いたてちょうを持って、家をさがす人がいる。

⑤ 夜になったので、やねのついたしゃこの電気をつけた。

◉自分だけの詩集を作ろう

5 次の二つの詩を読んで、問題に答えましょう。

教下93ページ

月

こやま峰子

雲のうんだ　たまご

教下93ページ

上弦の月

堀田美幸

すっかり明けきった
青空に
うすく浮かんだ
半分だけのお月さま
もう半分を
さがしてる

(1) 一つめの詩の月はどんな月だと考えられますか。漢字二字で書きましょう。 5点

(2) 「半分だけのお月さま」が浮かんでいるのはどんな時間帯ですか。一つ選んで、○をつけましょう。 4点

ア（　）夕日が落ちた時間帯。
イ（　）朝日がのぼった時間帯。
ウ（　）星が光る深夜の時間帯。

(3) 「半分だけのお月さま」はどんな様子だと、作者は感じていますか。詩の中からぬき出しましょう。 5点

ヒント 5(2) 二つめの詩の最初の二行に着目しよう。

きほんのドリル 37。

風船でうちゅうへ (1)

時間 15分
合かく80点 ／100
サクッとこたえあわせ
答え 94ページ
月　日

1 次の――線の漢字の読みがなを書きましょう。 18点(一つ3)

①（　　）実験　②（　　）希望　③（　　）残念
④（　　）努力　⑤（　　）完成　⑥（　　）別の日。

2 次の――線の言葉の意味を選んで、○を付けましょう。 16点(一つ4)

① 一号機がふんわりと上がり、空にただよう。
ア（　）きそく的に、行ったり来たりする様子。
イ（　）あてもなく、ゆれ動く様子。
ウ（　）一つの場所に、じっととどまる様子。

② 風船に付けたカメラを回収(しゅう)する。
ア（　）いったん手をはなれたものを、また集める。
イ（　）こわれてしまったものを、直す。
ウ（　）遠くはなれたところから、そうさする。

③ 四号機はとちゅうから、想定外の方向へ飛んでいった。
ア（　）考えた中で、いちばん悪い結果となること。
イ（　）事前に予想したはんいを、はずれていること。
ウ（　）どうなるかを、まったく気にしていなかったこと。

④ きれいな写真をとれるように、試行錯誤(さくご)を重ねる。
ア（　）ぐうぜんが重なって、すぐに最良の方法が見つかること。
イ（　）何度も同じことをくり返すばかりで、進歩が見えないこと。
ウ（　）失敗をくり返しながら、しだいに見通しを立てていくこと。

発明家は、試行錯誤を重ねて、すばらしい発明をした人が多いよ。

3 次の（　）に当てはまる言葉を下の□から選んで、記号を書きましょう。 16点(一つ4)

① 見知らぬ人に、（　　）声をかけられた。
② 物語の結末は、（　　）思っていたとおりだった。
③ かれは友人である（　　）、ライバルでもある。
④ ちょうせんした結果、（　　）夢(ゆめ)をかなえた。

ア ほぼ
イ 不意に
ウ ついに
エ いっぽう

← うらのページにつづくよ！

4 次の文章を読んで、問題に答えましょう。

教下 101ページ6行〜102ページ5行

　二か月後の十月、一号機が完成しました。カメラをはっぽうスチロールでおおったそうちに、二十五個の風船を付けたものです。うちゅうをさつえいするための最初の実験として、百メートルほどの高さまで飛ばしてみることにしました。カメラは、小さくて軽い、動画がとれるものにし、一号機がどこかへ行ってしまわないように、ひもを付けて、地上とつなぐことにしました。

　通っていた北海道大学の、広い農地から打ち上げた一号機は、百メートルほどの高さまでふんわりと上がり、空にただよいました。しかし、回収したカメラにうつっていたのは、ぐわんぐわんとゆれたえいぞうで、ポコポコという音も聞こえました。わたしは、風船どうしがぶつかり、そのゆれが、カメラに伝わってしまったのではないかと考えました。物事には、やってみて初めて分かることがあります。一号機の失敗は、次に進むためのヒントをくれました。

〈岩谷圭介「風船でうちゅうへ」より〉

(1) 「一号機」はどんなものになりましたか。 10点

（　　　　）

(2) 「一号機」の実験方法をまとめると、どのようになりますか。 完答10点

小さくて軽い、（　　　　）がとれるカメラを用意し、地上とつなぐ（　　　　）を付け、（　　　　）ほどの高さまで飛ばすことにした。

(3) 「一号機」のカメラからはどんなえいぞうや音声がとれましたか。 10点

（　　　　）

(4) (3)のようになったのは、どんなことがげんいんだと、筆者は考えましたか。 10点

（　　　　）

(5) 筆者は一号機の結果をどのようにとらえましたか。 完答10点

やってみて（　　　　）ことがあり、結果は（　　　　）だったが、（　　　　）となった。

ヒント 4(5) 一号機の結果に対して、筆者がどのような考え方をしたかをとらえよう。

きほんのドリル 38

風船でうちゅうへ つながりに気をつけよう (2)

時間 15分　合かく80点　/100　答え 94ページ　月　日

◉つながりに気をつけよう

1 ――線の言葉を漢字を使って書きましょう。　18点(一つ3)

① てんこうがよい日に、ぼうえんきょうで、星のかんさつをする。

② 友達と、木を使って、やちょうのす箱を作るやくそくをした。

2 次の文は、主語と述語(じゅつご)が正しくたいおうしていません。主語に合うように――線の述語を書き直しましょう。　8点(一つ4)

① ぼくの夏休みの思い出は、海に行って、かにを見つけます。

（　　　　）

② 姉のしゅみは、静かな部屋で本を読みます。

（　　　　）

3 次の二つまたは三つの文を、〈例〉にならって一つの文にしましょう。　18点(一つ6)

〈例〉 父が、起きた。父が、朝ごはんを食べた。

→父が、起きて、朝ごはんを食べた。

① ちょうが、花にとまる。ちょうが、みつをすう。

→（　　　　）

② 先生が、校門にいた。先生に、声をかけた。

→（　　　　）

③ 弟が、庭を走り回っていた。弟が、転んだ。弟が、けがをした。

→（　　　　）

←うらのページにつづくよ！

4 次の文章を読んで、問題に答えましょう。

教 下 105ページ9行〜106ページ11行

　また、四号機のえいぞうから、意外な発見もありました。四号機では風船を三つにしたにもかかわらず、えいぞうがあまりぶれていないのです。三号機までと四号機とのちがいを考えたとき、えいぞうがぶれるげんいんは、地上とつなぐひもにあることに気づきました。風に流される風船をひもがおさえるために、風船どうしがぶつかっていたのです。ひもがなければ、風船は一つでなくてもよいのです。

　いっぽう、風船の数は、別の点で重要でした。それは、風船が上がる速度です。速度がおそいと、風船が風に流されて、打ち上げ場所から遠くはなれたり、十分な高さに上がる前に、カメラの電池が切れたりします。五号機からは、これが課題の一つになりました。わたしは、風船が多いほうが速く上がると思っていました。しかし、やってみると、風船の数が多いほどおそくなります。風船が多いと、外の空気におされる面積が大きくなり、上がるのをじゃまされて、速度がおそくなってしまうのです。最終的には、ゆれではなく、上がる速度の問題から、一つのとても大きな風船を使うとよいというけつろんにたどり着きました。

〈岩谷（いわや）圭介（けいすけ）「風船でうちゅうへ」より〉

(1) 「えいぞうがぶれるげんいん」をまとめると、どのようになりますか。 完答8点

風船が（　　　　）。
⬅ その風船を（　　　　）。
⬅ 風船どうしがぶつかってそうちがゆれる。

(2) (1)の結果として、どんなことが分かりましたか。 10点

（　　　　）

(3) 「風船が上がる速度」とありますが、この速度がおそいとどうなりますか。二つ書きましょう。 16点（一つ8）

（　　　　）
（　　　　）

(4) 「風船の数が多いほどおそくなります」とありますが、なぜですか。 10点

（　　　　）

(5) 筆者は、最終的にどんなけつろんにいたりましたか。 12点

（　　　　）

ヒント 4 (5) 「上がる速度の問題」は、風船が上がる速度がおそくならないようにすることだね。

心が動いたことを言葉に 調べて話そう、生活調査隊

時間 15分　合かく80点　/100

答え 94ページ

月　日

◉心が動いたことを言葉に

1 心が動いたことを言葉にするときの手順をまとめます。次の文中の（　）に当てはまる言葉を下の[　]から選んで、書き入れましょう。 20点（一つ5）

① 詩は感じたことや（　　　）したことなどを、（　　　）連ねた言葉や文で表すもの。まずは、詩に表したいことを書き出す。

② どんな詩にしたいか、行数や（　　　）から考える。

③ 伝えたいことを中心に連想を広げ、（　　　）を整える。

[短く　表現（げん）　そうぞう　連の数]

◉調べて話そう、生活調査隊

2 次の――線の言葉の意味を選んで、○を付けましょう。 20点（一つ5）

① 休日のすごし方についてのアンケートを取る。

ア（　）取材記者が一人の人に会って話を聞くこと。

イ（　）学力を試験すること。

ウ（　）多くの人に同じしつもんをして答えてもらう調査方法。

② 問い合わせに回答する。

ア（　）しつもんなどに対して答えること。

イ（　）問題をといて答えること。

ウ（　）回りながら答えること。

③ 目的が達成される。

ア（　）まと。

イ（　）他とはかけはなれてすぐれていること。

ウ（　）めざすところや事がら。

④ 色の使い方を工夫する。

ア（　）細かいものを作ること。

イ（　）よい方法をいろいろと考えること。

ウ（　）物事がはっきりと決まること。

アンケートをした結果は集計して、グラフや表などで表されることが多いね。

うらのページにつづくよ！

3 生活に関するぎもんを調べて発表するために、アンケートを取り、それをもとに資料を作ります。アンケートの作り方・資料のとくちょうとして合うものを下から選んで、――線で結びましょう。 30点（一つ5）

アンケートの作り方

① 答えが予想できるとき ・　　・ア 答えを言葉や文章で書いてもらう
② 答えが予想しにくく、さまざまな答えが考えられるとき ・　　・イ 用意した答えから選んでもらう

資料の種類ごとのとくちょう

③ ぼうグラフ ・　　・ア 数量の変化を読み取りやすい
④ 表 ・　　・イ 数量をくらべやすい
⑤ 折れ線グラフ ・　　・ウ 様子や形が分かりやすい
⑥ 実物や写真 ・　　・エ 具体的な数字が読み取りやすい

4 調査と発表の手順を表すように、次の（　）に番号を書きましょう。 完答10点

（　　）アンケート結果をまとめた資料を見せながら、発表する。
（　　）調べたいことを決める。
（　　）アンケート結果を整理して、資料を作る。
（　　）アンケートを取る。
（ 5 ）感じたことを伝え合う。

5 発表のしかたについて、次の（　）に当てはまる言葉を後の［　］から選んで、書き入れましょう。 20点（一つ5）

① 初め…聞き手に（　　　　）をはっきり伝える。調べた（　　　　）や目的も伝える。
② 中…（　　　　）について調べたのかを話す。調べて（　　　　）を伝える。
③ 終わり…伝えたいことや考えたことを話す。

［ 話題　きっかけ　分かったこと　何 ］

ヒント **3** ③〜⑥ それぞれの資料の具体的な形を考えてみよう。

まとめのドリル 40

風船でうちゅうへ
つながりに気をつけよう
調べて話そう、生活調査(さ)隊

時間 20分　合かく80点　／100

答え 95ページ

月　日

◉風船でうちゅうへ／つながりに気をつけよう

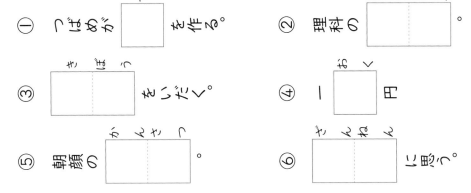

1 次の□に合う漢字を書きましょう。　18点(一つ3)

① つばめが［す］を作る。

② 理科の［じっけん］。

③ ［きぼう］をいだく。

④ 一［おく］円

⑤ 朝顔の［かんさつ］。

⑥ ［ざんねん］に思う。

◉つながりに気をつけよう

2 次の文を、①・②の意味になるように、読点(、)を一つ打ちましょう。　12点(一つ6)

母は兄と父をむかえに行った。

① 「父一人をむかえに行った」という意味。

母 は 兄 と 父 を む か え に 行 っ た。

② 「兄と父の二人をむかえに行った」という意味。

母 は 兄 と 父 を む か え に 行 っ た。

◉調べて話そう、生活調査隊

3 次の発表の内容(よう)が、調べて分かったことであればA、話し手の考えたことであればBの記号で答えましょう。　15点(一つ5)

① 放課後をどこですごしているかの調査では、自分の家や友達の家ですごす人が最も多くなりました。　(　　)

② クラスのみなさんの会話を聞いていると、室内ですごすことが多いような印象(しょう)を受けました。　(　　)

③ 調査結果を受けて、わたしたちのグループでは、外に出て、体を動かすことをおすすめしようということになりました。　(　　)

← うらのページにつづくよ！

4 次の文章を読んで、問題に答えましょう。

教下 103ページ7行～104ページ10行

さて、ここまではひもを付けて実験しましたが、これでは、うちゅうがさつえいできるほど高くは飛べません。四号機からは、ひもなしで飛ばすことにしました。

三号機までの実験で、風船は一個がよいと分かったので、できるだけ大きい風船をさがしました。しかし、うちゅうがさつえいできる高さまで、一個で上がるほど大きいものは、なかなか見つかりません。ゆれの問題があるのは分かっていましたが、高く上げることを第一に考え、風船を三つ使うことにしました。また、カメラの入ったそうちの周りや上部に小さな風船をたくさん付け、落ちてくるときの安全性を高めました。そして、予想しない飛行も追えるように、地球上での位置を調べるGPS端末も付けました。

こうしてできた四号機は、初めはほぼ予想どおりに飛びましたが、とちゅうから想定外の方向に飛んでいき、最終的には、太平洋沖合いに落ちてしまいました。GPS端末もこわれ、四号機がどこにあるのかも分かりません。自分には無理なちょうせんだったのかもしれないと、暗い気持ちになりました。

〈岩谷 圭介「風船でうちゅうへ」より〉

(1) 「ひもなしで飛ばすことにしました」とありますが、四号機をこのようにした理由を書きましょう。 10点

(　　　　)

(2) 「風船を三つ使うことにしました」とありますが、どんなことを考えて決めましたか。一つ選んで、○を付けましょう。 10点

ア(　)ゆれを少なくすること。
イ(　)より高く上げること。
ウ(　)落ちてくるときに安全であること。

(3) 四号機では、(1)・(2)以外にどんな工夫をしましたか。二つ書きましょう。 20点(一つ10)

(　　　　)
(　　　　)

(4) 「暗い気持ちになりました」とありますが、四号機は最終的にどんな結果になりましたか。 15点

(　　　　)

ヒント 4(2) 前の部分から、ゆう先して考えたことを読み取ろう。

きほんのドリル

41. スワンレイクのほとりで 漢字の広場⑥

時間 15分　合かく80点　/100

答え 95ページ　サクッとこたえあわせ

月　日

◉スワンレイクのほとりで

1 次の――線の漢字の読みがなを書きましょう。　12点(一つ3)

①（　　）移民　②（　　）勇気　③（　　）笑う　④（　　）散歩

2 次の――線の言葉の意味を選んで、○を付けましょう。　20点(一つ5)

① いつのまにか、雲が赤みを帯びた色に変わっていた。

ア（　）気づかないでいると、いつとはなしに。
イ（　）じっと観察している間に、少しずつ。
ウ（　）ある決まった時こくになると、急に。

② 湖のほとりに、二人でならんですわった。

ア（　）湖全体を上から見下ろす場所。
イ（　）湖が見える、少しはなれた場所。
ウ（　）湖に近い、水ぎわの場所。

③ 先生のしつもんに、むねをはって答えた。

ア（　）自信のある様子で。
イ（　）感動をおさえる様子で。
ウ（　）きんちょうする様子で。

④ まるで、木々が笑い合っているかのようだ。

ア（　）ほかのものやその状態(じょうたい)とまったくちがっている様子。
イ（　）ほかのものやその状態によくにている様子。
ウ（　）ほかのものやその状態をめざしている様子。

「むね」を使った慣用句(かんようく)はたくさんあるよ。気持ちを表すものが多いね。

◉漢字の広場⑥

3 ――線の言葉を漢字を使って書きましょう。　16点(一つ4)

① しんがっきをむかえる四月には、体育館でしぎょうしきが行われる。

② うんどうかいでは、みなでひっしにおうえんし、見事、勝つことができた。

4 次の文章を読んで、問題に答えましょう。

教下128ページ8行〜129ページ13行

アメリカに着いてからは毎日、おどろきと発見の連続だった。いちばんおどろいたのは、アメリカには、いろんな人が住んでいるということ。

お父さんといっしょに、スーパーマーケットへ買い物に行ったとき、お店の中には、本当にいろんな人たちがいた。はだの色も、かみの色も、目の色も、人それぞれにちがう。英語ではない言葉を話している人たちもいた。

日本のスーパーマーケットでも、ときどき、外国から来た人を見かけるけれど、アメリカでは、わたしとお父さんが外国人。だけど、わたしたちを外国人だと思っている人は、いないのかもしれない。散歩をしているわたしたちに、道をたずねてくる人もいたから。

「アメリカは、移民がつくりあげた国だからね。いろんな人種の人たちみんなが同じ、アメリカ人なのよ。」

と、真琴さんは教えてくれた。

湖の周りに広がっている森にも、いろんな動物たちがすんでいた。鹿、熊、うさぎ、やまあらし、きつね、りすなど。同じりすでも、しっぽがふさふさの銀色のりすもいれば、短いしっぽの茶色のりすもいる。

〈小手鞠るい「スワンレイクのほとりで」より〉

(1) 「おどろきと発見の連続」とありますが、「歌」がいちばんおどろいたのはどんなことですか。 10点

(　　　　　　　　)

(2) 歌は、「スーパーマーケット」でどんな人たちを見ましたか。 完答12点

はだの色も、(　　　　)も、(　　　　)も人それぞれで、(　　　　)以外の言葉も話す人たち。

(3) 「アメリカでは、わたしとお父さんが外国人」とありますが、アメリカの人たちはどう思っているように、歌には感じられましたか。 20点(一つ10)

散歩をしているわたしたちに、(　　　　)もいて、(　　　　)ように感じられた。

(4) 「同じりすでも……茶色のりすもいる。」とありますが、どんなことを伝えようとしていますか。次から一つ選んで、○を付けましょう。 10点

ア(　)動物はたくましいこと。

イ(　)個性にあふれていること。

ウ(　)ゆたかな自然があること。

ヒント 4(3) 「いろんな人種の人たちみんなが同じ、アメリカ人」という言葉にも着目しよう。

まとめのドリル 42 スワンレイクのほとりで 漢字の広場⑥

時間 20分　合かく80点　／100　答え 95ページ　サクッとこたえあわせ　月　日

◉漢字の広場⑥

1 ——線の言葉を漢字を使って書きましょう。　16点（一つ4）

① がっきゅうかいで、みんなの意見をもとに、クラスのルールをけっていした。

② たこうせいといっしょにみんなで野球をして、こうりゅうした。

◉スワンレイクのほとりで

2 次の文章を読んで、問題に答えましょう。

教 下 130ページ2行～130ページ12行

そんなある日、真琴（まこと）さんが言った。

「歌（うた）ちゃん、あした、おとなりのおうちのご家族をしょうたいして、みんなでバーベキューパーティーをすることにしたの。歌ちゃんと同じくらいの年の子も来るから、楽しみにしていてね。名前は、グレンっていうの。友達になれたらいいね。」

グレンは男の子で、お父さんの祖（そ）先は中国（ちゅうごく）から、お母さんの祖先はアイルランドから、アメリカにやって来たという。

友達になれたらいいな。なりたいな。でも、なれるかな。

まどの外を見ると、それまでは真っ青だった湖に、黒っぽい雲のかげがうつっていた。昼すぎから、雨がふり始めた。けれど、夜になる前に、ぴたりとやんだ。

〈小手鞠（こてまり）るい「スワンレイクのほとりで」より〉

(1) 「歌ちゃんと同じくらいの年の子」とはどんな子ですか。　完答12点

お父さんの祖先は（　　　）から、お母さんの祖先は（　　　）からアメリカにやって来た、グレンという名前の（　　　）。

(2) 「黒っぽい雲のかげ」や「雨」は、歌のどんな気持ちを表していると考えられますか。　完答12点

（　　　）に（　　　）けれど（　　　）という気持ち。

(3) 「夜になる前に……やんだ」が表していると考えられることを、次から一つ選びましょう。　10点

ア（　）不安　イ（　）幸福　ウ（　）希望

↓うらのページにつづくよ！

教科書 下 125～143ページ

3 次の文章を読んで、問題に答えましょう。

教 下 137ページ1行～139ページ4行

ふいに、グレンがこう言った。

——ウタ、君の名前には、どんな意味があるの。

わたしは答えた。むねをはって。

——「歌(うた)」は「ソング」だよ。

すると、グレンはこう言ったのだった。まぶしそうに、目を細めて。

——なんて美しい名前なんだろう。

美しい名前、と言われて、むねがくすぐったくなった。急に自分の名前が好きになった。

向こう岸から空に向かって、白鳥が二羽(わ)、仲よくよりそって、飛び立っていくのが見えた。わたしは、白い鳥たちを指さしながら、言った。

——あれは、白鳥。英語では、スワン、だよね。

グレンは、目の前の湖を指さしながら、言った。

——これは、スワンレイク。鳥たちは今、空を泳いでいるけど。

二人、顔を見合わせて、笑った。

すずしい夏の風がふいてきて、辺りの草をゆらした。さわさわ、さやさや、さわさわ、さやさや、草と風がやさしく話しかけてくる。見つめていると、まぶたまで青くそまってしまいそうな湖に、細かい波が立っていた。まるで、わたしたちといっしょに、笑っているかのように——。

〈小手鞠(こでまり)るい「スワンレイクのほとりで」より〉

(1) 「むねをはって。」とありますが、歌はどんなことにむねをはったのですか。次から一つ選んで、○をつけましょう。 10点

ア（　）歌の英語での意味。

イ（　）歌を歌うことの意味。

ウ（　）歌を歌うことの楽しさ。

(2) 「なんて美しい名前なんだろう」とグレンに言われた歌は、どんな気持ちになりましたか。 10点

（　　　　）

(3) 歌とグレンのきょりがちぢまる様子を、別の生き物をえがくことで表した一文を見つけて、初めの五字をぬき出しましょう。 10点

□□□□□

(4) 「空を泳いでいる」とは、白鳥のどんな様子を表した言葉ですか。十字以内で書きましょう。 10点

□□□□□□□□□□

(5) 「細かい波」とありますが、風で湖に細かい波が立ったことを、どんな様子にたとえていますか。 10点

（　　　　）

ヒント 3 (5) 「まるで…ように」は何かの様子をたとえるときに使います。

学年末のホームテスト

43. 四年生で習った漢字と言葉

時間 20分
合かく80点
/100
答え 96ページ
サクッとこたえあわせ
月　日

1 次の――線の漢字の読みがなを書きましょう。 30点（一つ1）

① 周辺（　　）
② 建物（　　）
③ 記録（　　）
④ 倉庫（　　）
⑤ 改める（　　）
⑥ 街灯（　　）
⑦ 愛読書（　　）
⑧ 昨夜（　　）
⑨ 結果（　　）
⑩ 覚める（　　）
⑪ 消失（　　）
⑫ 天候（　　）
⑬ 器官（　　）
⑭ 熱帯（　　）
⑮ 菜種（　　）
⑯ 便せん（　　）
⑰ 不思議（　　）
⑱ 血管（　　）
⑲ 反省（　　）
⑳ 固める（　　）
㉑ 積極的（　　）
㉒ 完成（　　）
㉓ 高低（　　）
㉔ 兵隊（　　）
㉕ 伝える（　　）
㉖ 茨城（　　）
㉗ 富山（　　）
㉘ 大阪（　　）
㉙ 奈良（　　）
㉚ 鹿児島（　　）

2 次の□に合う漢字を書きましょう。 16点（一つ1）

① □□（えいよう）
② □□（なふだ）
③ 木を□（お）る。
④ □□（いんさつ）
⑤ 一□（ちょう）円
⑥ □□（かいてい）火山
⑦ □（はたら）く
⑧ □□（けんこう）
⑨ □□（さんか）
⑩ □□（かんさつ）
⑪ □（もと）める
⑫ □□（ひつよう）
⑬ □（や）く
⑭ □□（がんぼう）
⑮ □□（きせつ）
⑯ □□（やくそく）

うらのページにつづくよ！

3 次の漢字の部首の名前を後の［　　］から選んで、書き入れましょう。　18点（一つ3）

① 区（　　　　）　② 究（　　　　）

③ 置（　　　　）　④ 原（　　　　）

⑤ 登（　　　　）　⑥ 建（　　　　）

はつがしら	あなかんむり	えんにょう
がんだれ	あみがしら	かくしがまえ・はこがまえ

4 次の熟語の意味を、訓を手がかりにして書きましょう。　12点（一つ6）

① 木刀（　　　　）

② 明暗（　　　　）

5 次の組み合わせの熟語を、後の［　　］から選んで書きましょう。　24点（一つ2）

① にた意味をもつ漢字の組み合わせ

（　　）（　　）（　　）

② 反対の意味をもつ漢字の組み合わせ

（　　）（　　）（　　）

③ 上の漢字が下の漢字を修飾する関係にある組み合わせ

（　　）（　　）（　　）

④ 「――を」「――に」に当たる意味の漢字が、下に来る組み合わせ

（　　）（　　）（　　）

勝敗	加熱	多少	水害	学習	絵画
米倉	習字	強風	前後	運送	読書

答え

●ドリルやホームテストが終わったら、答え合わせをしましょう。
●まちがっていたら、必ずもう一度やり直しましょう。考え方も読み直しましょう。

1. 漢字のふく習　1～2ページ

1
①港　②羊　③病院　④商店
⑤植える　⑥畑　⑦都合　⑧湖
⑨行列　⑩鉄橋　⑪曲がり　⑫役所
⑬温室

2
①銀行　②申し　③店主　④放送局
⑤医者　⑥九州　⑦速い　⑧予定
⑨注ぐ　⑩根　⑪太陽　⑫荷物
⑬命中

3
①油　②炭　③旅行　④自由　⑤波
⑥有名　⑦調べる　⑧緑色　⑨味わう
⑩持つ　⑪温度　⑫落とす　⑬悪い
⑭酒　⑮箱

4
①幸福　②乗る　③開ける　④悲しい
⑤皿　⑥着く　⑦急ぐ　⑧暗い
⑨助ける　⑩海岸　⑪美しい
⑫向かう　⑬受け取る　⑭始まり
⑮終わり

2. 漢字のふく習　3～4ページ

1
①世界　②使う　③係　④校庭
⑤返す　⑥歯　⑦童話　⑧面
⑨問題　⑩昭和　⑪起　⑫重い
⑬実物

2
①昔　②横　③委員　④笛　⑤次
⑥美化　⑦遊具　⑧拾う　⑨柱
⑩両親　⑪住所　⑫道路　⑬待つ

3
①湯　②消す　③手帳　④写真
⑤登る　⑥屋根　⑦洋服　⑧寒い
⑨勉強　⑩丁目　⑪皮　⑫負ける
⑬苦しい　⑭球　⑮君

4
①新学期　②詩　③守る　④学級
⑤作品　⑥代表　⑦第　⑧意見
⑨打つ　⑩交流　⑪死　⑫運動会
⑬勝つ　⑭毛筆　⑮決定

3. きほんのドリル　5～6ページ

1
①れい　②うんてんせき　③たてもの
④と

2
①エ　②オ　③ウ　④イ

3
(1)ほっ
(2)例土の中から出てきたところだから。
［春の日が明るいから。］
(3)例（春が来て、）うれしい気持ち。
［春が来たことをよろこぶ気持ち。
／春が来て、心がはずむ気持ち。］

4
(1)夏みかん（のにおい。）
(2)松井さんも
(3)例もぎたてだから。
(4)例母が速達で送ってくれたから。
(5)例うれしかった

考え方

3 (2)答えは「例」としてのせています。
［　］の中のような書き方も正かいです。
(3)春になって地上にはじめて出た日、まわりのさまざまなものに、春を感じ取っていくかえるの気持ちをふまえて、音読するようにしましょう。

4 (4)速達で送ってくれたことから、夏みかんがしんせんなうちにとどけたいという、お母さんの気持ちが分かります。
(5)「うれしかった」と同じような意味の言葉なら正(せい)かいとします。

＞4。まとめのドリル　7～8ページ

1 ①信号　②速達　③目標

2 (1)イ
(2)(もんしろ)ちょう
(3)(一)せっかくのえものが……どんなにがっかりするだろう。(二)

3 (1)道にまよった
(2)イ
(3)やなぎのなみ木が、みるみる後ろに流れていきます。
(4)ちょうちょ[もんしろちょう／ちょう]
(5)例やさしい、親切な人。

考え方
2 (1)松井(まつい)さんは、「白いぼうし」を見つけて車から出て、「ぼうしをつまみ上げ」ています。ぼうしはやなぎの木の下においてありました。
3 (5)松井さんの人がらは、ちょうをつかまえた人の気持ちを思いやって、ちょうをつかまえようとぼうしをふり回したり、にがしてしまってため息をついたりするところにも表れています。

＞5。きほんのドリル　9～10ページ

1 ①じてん　②しょか　③おんくん
④あいどくしょ　⑤しろ　⑥しず
⑦さくや　⑧やしろ　⑨めじるし
⑩な

2 ①ひな人形・ひしもち
②花ざかり・花いかだ
③こいのぼり・かしわもち

3 ①ウ　②イ　③ア

＞6。きほんのドリル　11～12ページ

1 ①ひつよう　②もくてき　③もち

2 ①イ　②エ　③ウ

3 ①とちぎ　②ぐんま　③さいたま
④にいがた　⑤ぎふ

4 ①宿・坂道・宮　②銀行・役所
③薬局・安売り・行列
④商店・都合

5 (1)①㋑　②㋑　③㋐
(2)けやき

考え方
5 (1)①㋑では、「おばあちゃん」を丸でかこんで目立つようにしています。②㋑では、ことがらごとに頭に「・」をつけて書いています。③㋐では「2」を線でけして「3」と書き直しています。メモを取るときは消しゴムは使いません。

＞7。まとめのドリル　13～14ページ

1 ①群　②愛読　③青年　④目印
⑤風景　⑥初夏

2 ①宮城　②神奈川　③山梨　④静岡

3 ①島・病院・医者
②駅・中央・放送局
③農家・植える

4 (1)①イ　②ア　③ウ
(2)音訓・な・531
(3)①十　②九　③七
(4)ア

考え方
4 (4)漢字辞典では、読み方や意味、使い

4 ①画数　②部首・つくり
③一画・画数　④音訓

考え方
4 ②部首には、へん・つくり・かんむり・にょう・かまえなどがあります。

方、成り立ちの他に、漢字を組み立てている部分や画数についても知ることができます。

8 きほんのドリル　15～16ページ

1 ①しあい　②せんしゅ　③つた
④あんないず　⑤かんきゃくせき
⑥こうはん　⑦しょうり　⑧はた

2 ①㋑　②㋐　③㋐　④㋑

3 例えば、しょうぎです。
他にも、オセロがすきです。

4 (1)〈一つ目の段落〉①会場全体
〈二つ目の段落〉①コートの中央に立つ選手。②例（選手が）顔を上げて、ボールをける方向を見ていること。
(2)①ルーズ　②アップ

考え方

2 ㋐の案内図は、まち全体の様子を、㋑の案内図は、目的地までの道順と目印になる建物だけを表しています。

4 (1)サッカーの試合のテレビ画面を例にして、うつし出されているもののちがいを説明しています。

9 きほんのドリル　17～18ページ

1 ①いがい　②ぐん　③きせつ
④しくちょうそん

2 （順に）3・1・2（・4）

3 ①エ・イ　②オ　③ウ　④ア

4 ㋐○　㋑×　㋒○　㋓×

5 ①家族・旅行・出発
②鉄板・平等・配る
③暑い・息・練習

6 (1)イ
(2)大山さんはお元気ですか。
(3)ウ　(4)実る

考え方

6 (1)「五月十五日」は初夏で、だんだん暑くなり、緑がふえていく季節です。

10 まとめのドリル　19～20ページ

1 ①説明　②景色　③関係　④案内
⑤取材

2 ①前半　②始まる　③負ける
④少ない　⑤受け手

3 ①自由研究・豆・調べる
②緑色・注ぎ・味わう
③夏祭り・有名人・氷

4 (1)ひたいにあせを光らせ、口を大きく開けて、……走る選手の様子がよく伝わります。
(2)例ゴールを決めた選手が両手を広げて走っているとき。
(3)①細かい部分・うつされていない多くの部分
②広いはんい・各選手の顔つきや視線、それらから感じられる気持ち

考え方

4 (2)指ししめしている言葉が見つかったら、「このとき」の部分におきかえて、意味が通るかをたしかめましょう。
(3)二つの段落は、アップとルーズのそれぞれで伝えられること、伝えられないことを説明しています。

11 きほんのドリル　21～22ページ

1 ①はん　②へいたい
③せんそう　④な

2 ①ア　②ウ　③イ

3 (1)ゆみ子は、い
(2)例食べ物をほしがるゆみ子に、いつも「一つだけよ。」と言って、自分の分から分けてあげていたから。

(3)例お母さんの口ぐせで、いつも聞いていたから。

4 (1)一つだけち
(2)イ
(3)いや、よろこびなんて、……どんな子に育つだろう。
(4)例せめて高い高いをして、ゆみ子をよろこばせてあげたい。

考え方
4 (2)すぐ後のお父さんの言葉から読み取ります。「一生、みんなちょうだい、山ほどちょうだいと言って、両手を出すことを知らずにすごすかもしれないね。」という言葉から、一つしかほしがることを知らないゆみ子の将来を案じていることが分かります。
(4)ゆみ子に「高い高い」ぐらいしかしてやることができないお父さんの思いをそうぞうしてみましょう。自分の不安や悲しみをふりはらおうという気持ちもあるでしょう。

12. きほんのドリル 23ページ

1 ①じどうかん ②し ③おっと
④たいふう ⑤しゅくじつ
⑥きのう[さくじつ] ⑦よ
⑧けんこう
2 ①けれども ②また
3 ①ア ②イ
4 ①例明日は晴れそうだ。
②例おなかがいっぱいになった。

考え方
3 同じ「三位」というけっかでも、「うれしい」と思う人と、「ざんねんだ」と思う人がいるでしょう。今回の文では、①「だから」を使うと「うれしい」、②「しかし」を使うと「ざんねんだ」という気持ちを表すことができます。
4 ①「次の日は晴れた。」などでも正かいです。②「もう食べたくない。」などでも正かいです。

13. きほんのドリル 24ページ

1 第一句…いわばしる
第二句…たるみのうえの
第三句…さわらびの
第四句…もえいづ[ず]るはるに
第五句…なりにけるかも
2 うめいちりん・いちりんほどの・あたたかさ

考え方
2 第一句は六音で、一音多い「字あまり」の句です。

14. きほんのドリル 25～26ページ

1 ①せいしょ ②ようやく ③くふう
2 ①オ・エ ②ウ ③ア ④イ
3 ①イ ②ア ③ウ
4 ㋐3 ㋑4 ㋒2 ㋓1
5 ①発行日 ②見出し ③写真
6 ㋐× ㋑○ ㋒× ㋓× ㋔○

考え方
6 ㋐本やインターネットで調べたことや、人から聞いた話、アンケート調査で分かったことなどをもとに記事を書くこともあります。㋒目立たせたい記事では見出しを大きくするなどの工夫も必要です。㋓写真は、記事に必要であれば、相手のゆるしをもらってからさつえいするようにします。

15. きほんのドリル 27～28ページ

1 ①つ ②かいとう
2 ①かがわ ②さが ③ながさき

④くまもと　⑤おおいた
⑥とくしま

3 ①イ　②ア

4 ①夏至　②ぼんおどり
③ころもがえ　④ほたるがり
⑤たんざく

5 ①調べる　②どんな　③答えやすい
④予想

6 ㋐○　㋑×　㋒○　㋓○　㋔×

考え方

5 ④回答のしかたには、答えを文章で書くもの、用意された答えの中から選ぶものなどがあります。回答をおおまかに予想して、回答のしかたを決めます。

16. まとめのドリル　29～30ページ

1 ①包帯　②器官　③百貨店
④配給　⑤健康　⑥徒競走

2 ①イ　②ア　③ア

3 ①滋賀　②愛媛
③鳥取　④沖縄

4 (1)おにぎり　(2)ウ
(3)例よろこばせて
(4)例つらいことに負けないで、明るい子に育ってほしい。

考え方

4 (2)戦争に行くお父さんを見送る場面であることを、頭においておきましょう。
(4)ゆみ子の幸福をねがう内容(よう)であれば正かいとします。「コスモスのように強く生きてほしい。」などの答えでもよいでしょう。

17. きほんのドリル　31～32ページ

1 ①てつだ　②はたら　③しゅうとう
④えいよう　⑤ねったい　⑥み

2 ①イ　②ウ　③ア

3 ①ウ　②イ　③ア　④エ

4 (1)イ
(2)例牛の首に付けられたすずが鳴る音。
(3)例家の近くでかわれていて、とても大事にされているから。
(4)①力・深くたがやして
②ふん・栄養たっぷり

考え方

4 (3)農家の人たちが牛をとても大事にしているのを見て「家族と同じ」だと思ったのです。
(4)五つ目の段(だん)落と最(さい)後の段落に説明があります。牛は人よりも力があるので、土を深くたがやしてくれます。また、牛のふんがひりょうになるので、土を栄養たっぷりにして植物がよく育つようにしてくれます。

18. まとめのドリル　33～34ページ

1 ①働　②栄養　③満

2 ①エ・イ　②ウ　③ア

3 (1)アグン山(の黒々としたすがた。)
(2)例朝日・赤く
(3)かがみ

4 (1)①ウ　②ア　③イ
(2)花・お米・おかし
※順番はちがっていても正(せい)かいです。
(3)豊作
(4)真っ黄色にかがやくいねの海原
(5)ウ

考え方

3 (1)「うす暗がりの中で、アグン山が、黒々としたすがたを見せている。」とあります。やみの中に見えてきた様子を「うかび上がる」と言っています。
(2)夜が明けてきて朝日がさし、雲や空が赤くなったのが、まるでもえているようだったということです。

(3)「かがみのような水面」とあります。水面とかがみは、光がはんしゃするところがにています。

4 (2)「花やお米やおかしをささげ」とあります「ささげる」は、「おそなえする」という意味です。

(4)田んぼに実っているのは「いね」です。「海原（うなばら）」は、広い田んぼを海にたとえたものです。

19. 夏休みのホームテスト 35～36ページ

☆1 ①ともだち ②じてん ③ししょ ④とやま ⑤きかい ⑥かいが ⑦りっしゅん ⑧いばらき ⑨たなばた ⑩いちりん ⑪ぐんか ⑫えひめ ⑬ぶしゅ ⑭きろく ⑮ぶんるい ⑯おきなわ ⑰しる ⑱ほうたい ⑲かくすう ⑳しが

☆2 ①菜 ②芽 ③方法 ④梅 ⑤大阪府 ⑥季節 ⑦鳥取 ⑧旗 ⑨選手 ⑩福井 ⑪順 ⑫鹿児島 ⑬泣 ⑭要約 ⑮試合

☆3 ①エ ②ウ ③ア ④イ

☆4 ①開始 ②全体

☆5 ①ア ②イ ③ウ ④ア

☆6 ①イ ②オ ③ウ ④ア

考え方

☆5 ③「総画（そう）さくいん」は、総画数の少ない漢字から順にならべたものです。

20. きほんのドリル 37～38ページ

1 ①ねえ ②めいれい ③まっか

2 ①イ ②ア ③イ

3 (1)ウ (2)川(の流れ)

4 (1)ア (2)四[4]

(3)夏休み

(4)例さびしくて、もう一度もどってきてほしい(と感じている)。

5 例今はテレビを見ているから、後で教えてくれるとうれしいな。

考え方

3 (2)「ぼくは川」という題名からも分かるように、「ぼく」の生き方を「川」の流れになぞらえています。これは、「ぼく」の生き方であるとも、あこがれであるともそうぞうすることができます。

4 (4)「夏休みのすばらしさが忘（わす）れられない。」なども正（せい）かいとします。

21. きほんのドリル 39～40ページ

1 ①いち ②ぎょぎょう ③さんこう ④えいご ⑤ちすい ⑥がっしょう ⑦いんさつ ⑧かいすいよく

2 ①つける ②おろす ③かける ④ひく

3 ①hachimaki ②furusato ③jagaimo ④shashin

4 ①飲ま・礼・去る ②暗く・深い・進む ③転がる・追う ④美しい・海岸・着く ⑤始まり・急ぐ

5 ア・エ

6 ①ウ ②イ ③ア ④エ

考え方

5 パンフレットを入手したら、自分が知りたいことに合わせて、必要なところをくわしく読むようにしましょう。見出しを見ていくと、何が書いてあるかおおよそ分かります。

22 まとめのドリル　41～42ページ

1 ①単行本　②出欠
③結果　④卒業式　⑤直径

2 ①ウ　②イ　③エ　④ア　⑤オ

3 ①たつ　②きく　③あがる
④みる　⑤つく

4 ①酒・箱・開ける　②助けた・幸福
③皿・落とし・悲しい
④乗り・向かう　⑤終わり・悪い

5 (1)ア
(2)①行動　②理由　③相手
④受け止め方

考え方

3 ②「気がきく」とは、「細かいところまで心が行きとどく」という意味です。
③「発表会であがる」の「あがる」は、「きんちょうしてぼうっとなる」という意味で使われています。

23 きほんのドリル　43～44ページ

1 ①へんか　②お　③おがわ
④なたね　⑤まつ　⑥つ
⑦さ　⑧つづ　⑨ねん
⑩かた　⑪ふしぎ　⑫けつまつ

2 ①イ　②ウ　③イ

3 ①イ　②エ　③ウ　④ア　⑤オ

4 (1)ウ
(2)ひとりぼっちの小ぎつね
(3)例しだのいっぱいしげった森の中(のあな)。
(4)・例畑へ入っていもをほりちらした。
・例菜種がらのほしてあるのへ火を付けた。
・例百姓家のうら手につるしてあるとんがらしをむしり取っていった。
※順番はちがっていても正かいです。

考え方

4 (2)「ひとりぼっち」というきょうぐうが、後のごんの行動を理かいするポイントになります。
(3)「わたしたちの村の近くの中山から少しはなれた山の中。」などでも正かいとします。

24 きほんのドリル　45～46ページ

1 ①そうこ　②みょうごにち
③なふだ　④こがい　⑤せいこう
⑥なか　⑦さんか　⑧か

2 ①ウ　②ア

3 ①開ける　②着く　③意外
④機会　⑤自信

4 ①早まる　②聞こえる
③教わる　④入る

5 (1)人々が通ったあとには、ひがん花がふみ折られていました。
(2)・例白いかみしもを着けて、いはいをささげている様子。
・例いつもは元気のいい顔が、なんだかしおれている様子。
※順番はちがっていても正かいです。
(3)例病気になってねこんでいて。
(4)①例兵十が(病気のおっかあのために)つかまえたうなぎを、横取りした。
②イ

考え方

5 (1)「ひがん花」は、秋のおひがんのころ、赤い花をさかせます。
(3)「とこにつく」には、二つの意味があります。「ねどこに入る」という意味と、「病気になってねこむ」という意味です。ここでは、後の意味で使われています。

25 きほんのドリル 47〜48ページ

1 ①あ ②きょうりょく ③せっきょくてき ④もと

2 ①お月見 ②七五三 ③秋の七草 ④もみじがり ⑤山よそおう

3 第一句…ちはやぶる
第二句…かみよもきかず
第三句…たつたがわ
第四句…からくれないに
第五句…みずくくるとは

4 (1)イ (2)ウ
(3)①ウ・ア・エ ②オ・イ・カ ③キ
(4)ア

考え方
4 (2)意見が出ないときにする司会の役わりは、多くの参加者が発言できるようにすることです。

26 まとめのドリル 49〜50ページ

1 ①牧場 ②孫 ③博物館 ④不思議 ⑤浅 ⑥便

2 (1)例いわし売りが、(いわしのかごを積んだ車を置いて、)弥助のうちへ入っている間。
(2)例いわしを兵十のうちの中へ投げこんだこと。
(3)ア

3 (1)こないだ
(2)例土間にくりが固めて置いてあるのが目についたから。
(3)イ
(4)例とんでもないことをしてしまった。ごんよ、すまない。

考え方
2 (2)ごんがしたことはどろぼうですが、ごんはこの時点ではそれに気づいていません。ただ兵十のために「いいこと」をしたと思っているのです。

3 (1)「ごんぎつねめ」と、「め」を名前の最後につけるのは、相手をにくく思うときの表現です。兵十がうなぎのうらみをわすれていないことが分かります。
(3)「やっと分かってもらえたけど、おそすぎた。」という思いもあったでしょう。
(4)「ばたりと」は、力がぬけて、火縄じゅうを手から落とした様子を表します。兵十が真相を知って、ぼうぜんとしていることが分かります。

27 きほんのドリル 51〜52ページ

1 ①かくち ②こうげいひん ③ざいりょう ④みらい ⑤しぜん

2 ①エ ②ア ③イ ④ウ

3 ①イ・エ ②オ ③カ・ア・ウ

4 (1)毎日のくらし・職人の手仕事
(2)ウ
(3)工芸品のよさを伝える仕事。
(4)・例工芸品を使う人がへったこと。
・例(工芸品を作る)職人の数が少なくなったこと。
※順番はちがっていても正かいです。
(5)イ

考え方
4 (5)「それ」は、直前の一文を指しています。筆者は、この後に続く文章で、自分の考えの理由を書こうとしているのです。

28 きほんのドリル 53ページ

1 ①や ②ひ ③ろう ④なか

2 ①イ ②ウ ③エ ④オ ⑤ア

3 ①世界・童話・神話

②校庭・横・笛
③指名・起立・面積
④遊び・鼻血・相談

29. きほんのドリル 54ページ

1 第一句…こんじきの
第二句…ちひ[い]さきとりの
第三句…かたちして
第四句…いちょうちるなり
第五句…ゆうひのおかに

2 柿くへば　鐘が鳴るなり／法隆寺

考え方

2 「鐘がなるなり」は、「鐘が鳴る音が聞こえてきた。」という意味です。言い切りの形なので、ここで間を置いて読みます。

30. まとめのドリル 55～56ページ

1 ①労　②各地　③冷

2 ①ウ　②イ　③オ　④ア　⑤エ

3 ①軽い・委員・重い
②昭和・館・倍
③係・歯
④昔・遊び・感想

4 (1)岩手県の
(2)①鉄　②イ
③例さびにくく、じょうぶだから。
(3)イ
(4)かんきょうへの負荷が少ない

考え方

2 ①「メスを入れる」は思いきった方法をとるという意味です。③「おうむ返し」とは、鳥のオウムが人の声をまねするように、同じ言葉を返すことです。④「水に流す」は、何もなかったかのようにわすれるということです。

4 (1)「南部鉄器」のことについて書いてある部分が具体例です。
(2)①「木炭、すな、ねん土、うるし、クゴ」などは、南部鉄器を作るときに使われるものですが、「材料」ではありません。③「さびにくく、じょうぶなので」とあります。「…ので」は理由を表す言い方です。「五十年、百年」は、人の一生と同じくらいか、それよりも長い間ということです。
(3)文章中に「(写真①)」のように書いてある場合、その直前に説明したことを写真①でしめそうとしています。
(4)「かんきょうにやさしい」は、「かんきょうへの負荷が少ない」「かんきょうに悪いえいきょうをあたえない」などと言いかえることができます。この文章では、初めの部分に書いたことを、終わりの部分でもう一度、言葉を少し変えながら書いています。

31. きほんのドリル 57～58ページ

1 ①す　②ほうかご　③むり
④はんせい　⑤しょうじき　⑥あらた
⑦いっしゅう　⑧さいこう

2 ①イ　②ア　③イ

3 ①オ　②ア　③ウ　④イ　⑤エ

4 (1)学芸会のじゅんびで……花びんをわってしまったからだ。
(2)(順に)3・2・1　(3)イ
(4)例放課後、東君と西君とで協力してかべ新聞を作ること。
(5)仲が悪い・同時

考え方

3 ア「とくい顔」は、物事が思いどおりになって満足している様子。イ「後ろめたさ」は、悪いことをしたという思いが心にあること。ウ「たいくつ」は、ひまで時間をもてあましていること。エ「ため息」は、がっかりしたり、感動したりしたときに出るもの。オ「たいこう心」は、きそい合う気持ち。

4 (2)先生の言葉と表情から、気持ちを読み取りましょう。まず、「少しも反省していないな」ときびしい顔をして言って、「ため息」をつきました。これは、反省もしないでいる二人にあきれたからです。その後「君たちは、本当に仲が悪いな。」と言って「とても悲しそう」にしています。そして、仲よくなってほしいという思いから、その方法を考えています。

(3)しばらく考えていた先生が、作戦を思いついたときのしぐさです。

(4)先生の言葉の中の「放課後、……作りなさい。」の部分が作戦の内容です。

(5)先生は、「気が合うんだね」と言っておどろいています。東君と西君の返事が同じで、しかも同時だったことを「気が合う」と言っていますが、それは、ふだんの二人の様子（＝仲が悪い）とは正反対なので、おどろいたのです。

32. きほんのドリル 59～60ページ

1 ①がい ②う ③がん

2 ①すすはらい ②大みそか ③節分 ④冬至 ⑤新春

3 ①せり ②はこべら ③ほとけのざ ④すずな

4 (1)[1]・[4]
(2)イ・ウ
(3)例しつけておく[しつける]・大切[必要]
(4)例読む人に、自分のこととして考えてもらいたいから。

33. まとめのドリル 61～62ページ

1 ①反省 ②右側 ③正直 ④改 ⑤正反対

2 (1)イ
(2)ぼく
(3)例雨の日が続いていて、昼休みなのに外で遊べないから。

3 (1)(油性ペンの)インク(°)
(2)後ろめたさ・心配
(3)イ (4)ウ

考え方

2 (1)二人はあやまらなくてはならないことを今までかくしていて心苦しかったけれど、「ぼく」の言葉があやまるあとおしになって、安心したのです。

(3)「たいくつだなあ。」と言った人物の気持ちは文章中にはっきりとは書いてありませんが、一つ目の段落で、この場面の様子が語られていることに注

考え方

4 (1)[1]初め、[2]・[3]中、[4]終わりの組み立てになっていて、[1]と[4]に考えが書いてあります。[4]では、[1]に書いた考えを、読者によびかける形にして書いています。

(2)「例えば、…」と、例を挙げています。[3]の段落の「　」は、資料からの引用を表しています。

(3)資料から引用した部分は、「じしんへのそなえで大切なこと」です。

(4)「自分や家族にとって何が必要かを考えることが大切です。」のような書き方とくらべて考えてみましょう。よびかける文にすることで、読む人に、自分も考えてみなくてはと思わせることができます。

目しましょう。

3 (2)「どっちが悪いか」という言い争いになっていることから、二人とも、よごれをつけたのは「悪い」ことだと分かっています。でも、それをかくしたため、心の中でずっと気になっている、そんな気持ちが「後ろめたさ」です。

(3)相手が先生につげ口をしないよう見はるのです。

(4)「それ」は、直接的には、すぐ前の「相手のことを……そう思えてきたのだ。」を指しています。

34. 冬休みのホームテスト　63～64ページ

1 ①て　②しゅっけつ　③がいとう
④や　⑤さんこう　⑥しおけ
⑦べいさく　⑧こ　⑨はくぶつかん
⑩あさ　⑪そつぎょうしき
⑫ちょっけい　⑬とくほん
⑭ふくだいじん　⑮まご　⑯はんせい
⑰たんこうぼん　⑱みぎがわ
⑲ぎょぎょう　⑳ぼくじょう

2 ①金色　②好　③積極的　④印刷
⑤差　⑥結末　⑦固　⑧続
⑨借　⑩菜種　⑪工芸　⑫自然
⑬成功　⑭松　⑮折

3 ①とおる　②さがる　③やぶる
④すます

4 ①火花　②頭　③うり
④つる　⑤えり　⑥馬[気]
⑦くも　⑧雲　⑨足　⑩風

考え方

3 ④「簡単にすます」の「すます」は、それでいいことにする、間に合わせるの意味です。

4 ①「火花をちらす」は、「はげしく争う」、⑨「足をあらう」は、「悪い行いや仕事をきっぱりやめる」という意味の慣用句です。それぞれ、言葉を平がなで書いていても正かいとします。

35. きほんのドリル　65～66ページ

1 ①れんそう　②しょうしつ
③こうてい　④ろうぼく　⑤がんぼう
⑥ちゃくりく　⑦しゅうへん
⑧きょうつうてん

2 ①例多い数[多くの数]。
②例見て学ぶ。

3 ①消失・岩石　②明暗・強弱
③血管・最多　④消火・帰国
※順番はちがっていても正かいです。

4 ①遊具・写真　②信号・道路

5 (1)でっかいつき[まんげつ]
(2)のん　のん　のん　のん
(3)例ぼくのかたにのっかりそうだ。

6 ①連想・見たまま・べつの何か・なりきって
②順序

考え方

5 (1)「つき」でも正かいですが、「まんげつ」をイメージできる言葉を加えていると、よりよい答えになります。

(2)「のん　のん　のん　のん」という作者ならではの言葉を味わいましょう。

36. まとめのドリル　67～68ページ

1 ①海底　②衣服　③血管　④勝敗
⑤開票　⑥共通点

2 ①エ　②ア　③ウ　④イ

3 ①例岩と石。　②例右に折れる。
③例白い紙。　④例山に登る。

4 ①美化・拾う　②寒い・短い
③洋服・整理　④住所・手帳
⑤屋根・車庫

5 (1)満月　(2)イ
(3)もう半分をさがしてる

考え方
3 ①「岩や石。」などでも正かいです。
5 (2)「すっかり明けきった／青空に／うすく浮かんだ」とあることから考えましょう。

おうちの方へ
5 さまざまな月についての詩です。たとえを表す言葉や様子を表す言葉に着目できるようにするとよいでしょう。

37. きほんのドリル 69～70ページ

1 ①じっけん　②きぼう　③ざんねん
④どりょく　⑤かんせい　⑥べつ
2 ①イ　②ア　③イ　④ウ
3 ①イ　②ア　③エ　④ウ
4 (1)例カメラをはっぽうスチロールでおおったそうちに、二十五個の風船を付けたもの。
(2)動画・ひも・百メートル
(3)例ぐわんぐわんとゆれたえいぞうと、ボコボコという音。
(4)例風船どうしがぶつかって、そのゆれがカメラに伝わってしまったこと。
(5)初めて分かる・失敗・次に進むためのヒント

考え方
4 (4) (3)のえいぞうや音声が書かれたあとにある、「わたしは……と考えました。」という文に着目しましょう。

38. きほんのドリル 71～72ページ

1 ①天候・望遠鏡・観察
②野鳥・巣・約束
2 ①例見つけたことです
②例読むことです
3 ①例ちょうが、花にとまって、みつをすう。
②例先生が、校門にいたので、声をかけた。
③例弟が、庭を走り回っていて、転んで、けがをした。
4 (1)風に流される・ひもがおさえる
(2)例ひもがなければ、風船は一つにしなくてもよいこと。
(3)・例風船が風に流されて、打ち上げ場所から遠くはなれる。
・例風船が十分な高さに上がる前に、カメラの電池が切れる。
※順番はちがっていても正かいです。
(4)例外の空気におされる面積が大きくなり、風船が上がるのをじゃまされるから。
(5)例一つのとても大きな風船を使うとよい。

考え方
3 ③「弟が、庭を走り回っていたら、」などとしていても正かいです。
4 (4)後の文に「風船が多いと……のです。」とあることから、ここに理由が書かれていると見当がつきます。

39. きほんのドリル 73～74ページ

1 ①そうぞう・短く
②連の数　③表現
2 ①ウ　②ア　③ウ　④イ
3 ①イ　②ア
③イ　④エ　⑤ア　⑥ウ
4 (順に)4・1・3・2(・5)
5 ①話題・きっかけ
②何・分かったこと

考え方

3 ③〜⑥それぞれの資料がどんなときにてきしているかを考えて、用いることが大切です。実物や写真は、様子や形は分かりますが、他とくらべたときの変化や様子はよく分かりません。表は、数字は読み取れますが、やはり他とのちがいはすぐに分かりません。グラフも、それぞれとくちょうがあるので、おぼえておきましょう。

40 まとめのドリル 75〜76ページ

1 ①巣 ②実験 ③希望 ④億
⑤観察 ⑥残念

2 ①母は兄と、父をむかえに行った。
②母は、兄と父をむかえに行った。

3 ①A ②B ③B

4 (1)例ひもを付けていると、うちゅうがさつえいできるほど高くは飛べないから。
(2)イ
(3)・例そうちの周りや上部に小さな風船をたくさん付け(て、落ちてくるときの安全性を高め)た。
・例(予想しない飛行も追えるよう、)地球上での位置を調べるGPS端末を付けた。
※順番はちがっていても正かいです。
(4)例(想定外の方向に飛んで)太平洋沖合いに落ち、GPS端末もこわれたため、どこにあるか分からなくなった。

考え方

3 ②「印象を受けました」は、「感じを受けました」という意味です。

4 (4)「こうしてできた四号機は」で始まる段落に着目しましょう。事実が書かれた文から、最終的な結果をまとめます。

おうちの方へ

4 本文の一・二段落目には四号機の工夫が書かれ、三段落目には四号機の結果と筆者の感じたことが書かれています。文章の構成を考えながら、内容を読み取れるように、サポートしてみてください。

41 きほんのドリル 77〜78ページ

1 ①みん ②ゆうき ③わら
④さんぽ

2 ①ア ②ウ ③ア ④イ

3 ①新学期・始業式
②運動会・必死

4 (1)例アメリカには、いろんな人が住んでいるということ。
(2)かみの色・目の色・英語
※「かみの色」と「目の色」は、順番がちがっていても正かいです。
(3)例道をたずねてくる人・
例わたしたちを外国人だと思っていない[わたしたちをアメリカ人だと思っている]
(4)イ

考え方

4 (4)「アメリカには、いろんな人が住んでいる」のと同じように「湖の……森にも、いろんな動物たちがすんで」いて、「同じりすでも、……もいれば、……もいる。」という流れをおさえましょう。

42 まとめのドリル 79〜80ページ

1 ①学級会・決定
②他校生・交流

2 (1)中国・アイルランド・男の子

(2)友達・なりたい[なれたらいい]・なれるかな

(3)ウ

3

(1)ア

(2)例むねがくすぐったいような気持ちになり、自分の名前が好きになった。

(3)向こう岸か

(4)例空を飛んでいる様子。

(5)例湖が、わたしたちといっしょに笑っている(かの)ような様子。

考え方

2 (2)「真っ青だった湖」とくらべると、「黒っぽい雲のかげ」や「雨」は、なんとなく不安な感じをいだかせる言葉です。前の段落に「友達になれたらいいな。……でも、なれるかな」という歌の不安な気持ちがえがかれているので、それを表した言葉だと考えられます。

(3)雨がやんだとあるので、歌の不安がおさまり、気持ちに希望が芽生え始めた様子を感じ取ることができます。

3

(1)歌は、「歌」の意味を英語で言うと「ソング」だと、むねをはって答えています。

(2)グレンに「なんて美しい名前なんだろう」と言われてうれしくなり、急に自分の名前が好きになったと歌の気持ちがえがかれています。

(3)名前の話をしたことで、歌とグレンのきょりがちぢまります。空に向かって仲よくよりそって飛び立った二羽の白鳥は、そうした二人を表していると考えることができます。

おうちの方へ

2・**3** 歌の気持ちや、歌とグレンの様子を表す情景の描写にも、着目できるよう

にするとよいでしょう。

43 学年末のホームテスト

81~82ページ

1

①しゅうへん ②たてもの ③きろく

④そうこ ⑤あらた ⑥がいとう

⑦あいどくしょ ⑧さくや ⑨けっか

⑩さ ⑪しょうしつ ⑫てんこう

⑬きかん ⑭ねったい ⑮なたね

⑯びん ⑰ふしぎ ⑱けっかん

⑲はんせい ⑳かた

㉑せっきょくてき ㉒かんせい

㉓こうてい ㉔へいたい ㉕つた

㉖いばらき ㉗とやま ㉘おおさか

㉙なら ㉚かごしま

2

①栄養 ②名札 ③折 ④印刷 ⑤兆

⑥海底 ⑦働 ⑧健康 ⑨参加

⑩観察 ⑪求 ⑫必要 ⑬焼 ⑭願望

⑮季節 ⑯約束

3

①かくしがまえ・はこがまえ

②あなかんむり

③あみがしら ④がんだれ

⑤はつがしら ⑥えんにょう

4

①例木の刀。

②例明るいことと暗いこと。

5

①学習・絵画・運送

②勝敗・多少・前後

③水害・米倉・強風

④加熱・習字・読書

※順番はちがっていても正かいです。

考え方

4 ①「木で作った刀。」、②「明るさと暗さ。」などでも正かいです。